证券投资学

(第二版)

ZHENGQUAN TOUZIXUE

刘赟鋆 主编

图书在版编目(CIP)数据

证券投资学/刘赟鋆主编. —2版. —武汉:中国地质大学出版社,2016.2
ISBN 978-7-5625-3155-5

Ⅰ.①证…
Ⅱ.①刘…
Ⅲ.①证券投资
Ⅳ.①F830.91

中国版本图书馆 CIP 数据核字(2016)第 055758 号

证券投资学		刘赟鋆 主编
责任编辑:段连秀		责任校对:张咏梅

出版发行:中国地质大学出版社(武汉市洪山区鲁磨路388号)　　邮政编码:430074
电　　话:(027)67883511　　传真:67883580　　E-mail:cbb @ cug.edu.cn
经　　销:全国新华书店　　　　　　　　　　　　http://www.cugp.cug.edu.cn
开本:787毫米×960毫米 1/16　　　　　　　　　字数:240千字　　印张:12.25
版次:2007年4月第1版　2016年3月第2版　　印次:2016年3月第2次印刷
印刷:武汉中远印务有限公司　　　　　　　　　印数:1 501—3 000 册
ISBN 978-7-5625-3155-5　　　　　　　　　　　　　　　　　定价:39.00元

如有印装质量问题请与印刷厂联系调换

前言

证券市场是证券投融资场所,是投资者群体进行投资博弈,融资者采取和选择不同融资方式的投融资平台。证券投资学是一门科学,主要研究证券市场运营规律,分析与其相关的法律、法规与监管体系,探索证券市场发展与管理的制度,分析证券投资品种的不同性质及其自有特征与属性,提升证券投资的投资活动收益,化解证券投资遇到的风险等内容。

本书作为证券投资学课程的教材,适用于非财经类学校的经济学与管理学学生,为他们学习证券知识,熟悉证券市场与证券投资品种,掌握证券投资分析基本原理,综合运用所学的基础知识和相关的专业技能,解决证券市场的投融资问题,管理和分析证券市场运营和发展问题,完善和健全证券市场监管体系等服务。

本书是在第一版的基础上,作者通过不断地学习和了解证券市场的变化,逐步地丰富相关知识内容。书中的相关内容参照中国证券业协会组织编写的证券行业从业人员资格考试的相关书籍,结合非财经类院校学生的基础知识掌握情况,力图在有限的篇幅中能够全面地丰富教材内容。证券投资学所关心的是应用性和实践性很强的领域,伴随着科学技术的发展和世界经济的变化,该领域研究内容会日新月异。因此,使用本书需要结合课程教学和证券交易系统的模拟交易实践才能完成知识的学习。

《证券投资学》第一版自2007年出版以来,得到了非财经类的经济学与管理学学生的认可,也得到相关专家的大力帮助和批评指正。第二版保留了第一版的结构,书中内容在学习和完善中得到许多同行专家的斧正。很多阅读过《证券投资学》第一版的证券行业从业人员结合具体的实践,对书中不足提出了宝贵的修改意见。在书稿的修改过程中,研究生蔡青和曾凤同学从不同专业角度对本书进行了完善。

本书的再版得到教育部经济学科"金融学课程群教学团队建设研究"的师资队伍教学发展项目的资助,中国地质大学出版社给予了大力支持,在此,对所有为本书做出努力的单位和工作人员表达深深的谢意!

作　者
2015 年 11 月

目 录

第一章　证券市场概述 ························(1)
　第一节　证券与证券市场 ························(1)
　第二节　中外证券市场发展历史 ····················(4)
　第三节　证券市场的地位与功能 ····················(8)

第二章　证券投资品种 ························(11)
　第一节　股　票 ································(11)
　第二节　债　券 ································(16)
　第三节　证券投资基金 ····························(28)
　第四节　金融衍生工具 ····························(50)

第三章　证券市场机构、运行与法规 ··············(62)
　第一节　证券中介机构 ····························(62)
　第二节　证券市场运行 ····························(63)
　第三节　证券市场法规与监管 ······················(73)

第四章　证券投资分析 ························(80)
　第一节　证券投资分析的基本原理 ··················(80)
　第二节　有价证券的价格决定 ······················(89)

第五章　基本分析流派原理与方法 ················(97)
　第一节　宏观经济分析 ····························(98)

第二节　行业分析与区域分析……………………………………（103）
　　第三节　公司分析…………………………………………………（113）
第六章　技术分析流派原理与方法…………………………………（134）
　　第一节　证券投资技术的分析理论………………………………（134）
　　第二节　技术图形分析的主要内容………………………………（136）
　　第三节　技术指标分析的主要内容………………………………（140）
第七章　心理分析流派原理与方法…………………………………（150）
　　第一节　证券市场的心理学原理…………………………………（150）
　　第二节　证券市场投资情感与体验经济…………………………（163）
　　第三节　心理健康与投资环境……………………………………（171）
第八章　投资组合理论、股票估值原理……………………………（174）
　　第一节　投资组合管理概述………………………………………（174）
　　第二节　投资组合的业绩评估……………………………………（177）
　　第三节　股票估值原理……………………………………………（179）
参考文献………………………………………………………………（190）

第一章　证券市场概述

第一节　证券与证券市场

一、证券

证券是多种经济权益凭证的统称,也指专门的种类产品,是用来证明券票持有人享有的某种特定权益的法律凭证,如股票、债券、本票、汇票、支票、保险单、存款单、借据、提货单等各种票证单据都是证券。证券在某种意义上是指用于证明或设定权利的一种书面凭证,它表明持有人或第三者有权取得该证券拥有的特定权益或证明其曾经发生过的行为。

证券必须具备两个最基本的特征:法律特征和书面特征。证券首先是一种信用凭证或金融工具,它是商品经济和信用经济发展的产物;其次,证券是具有法律效力的权益凭证,它是虚拟的资产,尽管它本身没有实在的价值,但它代表着某种资产的权益。

广义证券包括以下三种:①资本证券,其中包括产权市场产品如股票,债权市场产品如债券,衍生市场产品如股票期货及期权、利率期货及期权等;②货币证券,包括银行券、票据、支票等;③财物证券,如货运单、提单、栈单等。狭义上的证券主要指资本证券。

按证券的性质不同,证券可以分为有价证券和无价证券两大类(图1-1)。

无价证券也称为凭证证券,包括存款单、借据、收据等。

1. 有价证券

有价证券是指标有票面金额,证明持有人有权按期取得一定收入并可自由转让和买卖的所有权或债权凭证。它通常简称为证券。有价证券是虚拟资本的一种形式,它本身没有价值,但有价格,主要形式有股票和债券两大类。其中债券又可分为公司债券、国家公债和不动产抵押债券等。有价证券本身并没有价值,只是由于它能为持有者带来一定的股息或利息收入,因而可以在证券市场上自由买卖和流通。

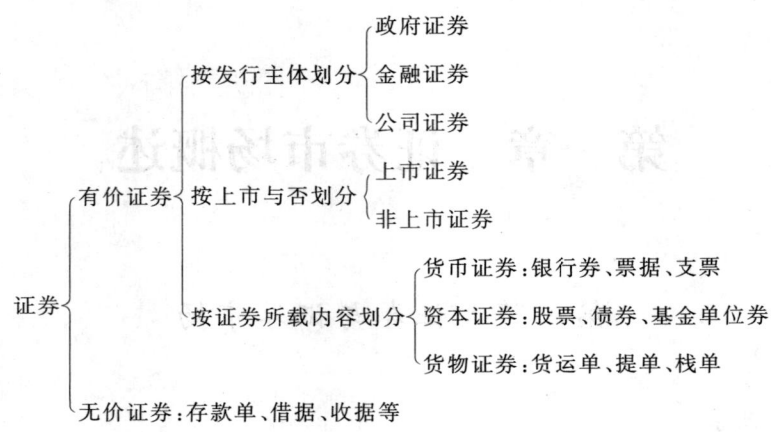

图 1-1 证券分类结构图

2. 有价证券的分类

有价证券可以按不同的标准做不同的分类。按发行主体来划分可以分为政府证券、金融证券和公司证券;按上市与否可以分为上市证券和非上市证券;按证券所载内容可以分为货币证券、资本证券、货物证券。

3. 有价证券的特征和功能

有价证券的特征:产权性、收益性、流通性、风险性。有价证券的基本功能:筹资、资源配置。

二、证券市场

1. 证券市场定义

证券市场是证券投资品种的交易市场,是股票、债券、基金、金融衍生产品等有价证券的交易场所。证券交易是通过发行各种证券,组织、吸收长期资金,为政府和企业提供所需要的财政资金和长期资金。证券市场具体包括证券发行市场和证券交易市场两部分。从整体上看,证券市场隶属于长期金融市场(或资本市场),是其构成部分之一。

2. 证券市场的特征

(1)证券市场价值直接交换的场所。

(2)财产权利直接交换的场所。

(3)风险直接交换和转移的场所。

3. 证券市场的分类

证券市场根据交易种类的不同,可分为股票市场和债券市场,且两者均由各自的发行市场和流通市场构成。按证券进入市场的顺序而形成的结构关系,可将其分为一级市场和二级市场。当然,证券市场也存在所谓的一级半市场。一级半市场通常是指柜台交易市场,有的也称场外交易市场。

一级市场(初级、发行):是指证券发行市场,是证券发行者按照一定的法律规定和发行程序,将新证券出售给投资者所形成的市场。一级市场最重要的功能是筹措资金功能和产权复合功能。证券发行有时是发行者与投资者之间直接进行的,但更多的则是通过证券经营机构来进行的。

二级市场(次级、交易):是指证券流通和转让所形成的市场,证券通过流通实现一个公开、合理的价格交易和转让过程,实现货币资本与证券资本的相互转化。一般而言,证券流通和转让,必须按照法律或法规的规定和流程,遵循公平、公正、公开的交易原则,在规定的时间、地点和场所进行。

三、证券市场参与者

1. 证券市场主体

证券市场主体是指证券发行者(筹资者)和证券投资者(投资者)。

证券发行者是指为募集资金而发行债券或股票的政府及其机构、金融机构、公司和企业。证券发行者可分为债券发行者和股票发行者。证券发行者可以是政府及其机构,也可以是金融机构,但大多数是公司和企业。

证券投资者是证券市场的资金供给者,众多的证券投资者的存在保证了证券发行的完成,同时也活跃了证券市场的交易。证券投资者包括:用于市场投资的资金规模、影响力或组织代表的机构投资者(企业、金融机构、公益基金和其他投资机构)、个人投资者。

2. 证券市场中介

证券市场中介有证券公司、证券服务机构(证券登记结算公司、证券投资咨询公司、会计师事务所、资产评估机构、律师事务所、证券信用评级机构)以及媒体、网络、资讯等机构或企业。

3. 自律性组织

在证券市场的发展过程中,由于交易双方都是建立在信用层面上的,一般会自发成立自律性组织。而中国证券市场的证券交易所、证券行业协会等就是自律性组织。在国外的证券市场,交易所可能是一家上市公司或经营单位。

4. 证券监管机构

一般而言，政府对证券市场都会进行监管，政府对证券市场的发行与交易进行监督管理的主管机构称为监管机构。中国证券监督管理委员会及其派出机构是中国政府对证券市场进行监管的机构。

第二节 中外证券市场发展历史

一、证券市场的产生

要了解证券市场的发展，首先需要了解股份制度的产生和发展。股份制是市场经济发展的必然产物，随着人类社会分工的日益发达、社会化大生产逐渐取代了自给自足的小生产。这时，无论是生产者自身的资本积累，还是有限的借贷资本，都难以满足企业从事社会化大生产所需要的巨额资金，于是股份公司和股份制制度应运而生。

股份公司是通过面向社会发行股票，迅速集中大量资金，实现生产的规模经营；而社会上分散的资金盈余者本着"利益共享、风险共担"的原则投资股份公司，谋求财富的增值。

最早的股份公司，产生于17世纪初荷兰和英国成立的海外贸易公司。这些公司通过募集股份资本而建立，具有明显的股份公司特征：具有法人地位；成立董事会；股东大会是公司最高权力机构；按股分红；实行有限责任制……。股份公司的成功经营和迅速发展，使更多的企业群起效仿，在荷兰和英国掀起了成立股份公司的浪潮，至1695年英国新成立的股份公司达100家。

18世纪下半叶，英国开始了工业革命，大机器生产逐步取代了工场手工业。在这场变革中，股份制起到了重要的作用，立下了汗马功劳。随着工业革命向其他国家扩展，股份制也传遍了世界，特别是在资本主义国家得到快速的发展。

19世纪中叶，美国产生了一大批靠发行股票和债券筹资的筑路公司、运输公司、采矿公司和银行，股份制逐步进入了主要经济领域。到第一次世界大战结束时，美国制造业产值的90%由股份公司创造。

19世纪后半叶，股份制传入日本和中国。日本明治维新后出现了一批股份公司。中国在洋务运动时期建立了一批官办和官商合办的股份制企业，1873年成立了轮船招商局，发行了中国最早的股票。

股票的出现促使股票交易所产生。早在1611年就有一些商人在荷兰的阿姆斯特丹买卖海外贸易公司的股票，形成了股票交易所的雏形。1773年在伦敦柴思胡同的约那森咖啡馆正式成立了英国第一家证券交易所，以后演变为伦敦证券交易所。1792年24名经纪人在纽约华尔街的一棵梧桐树下订立协定,形成了经纪人联盟,它就是纽约证券交易所的前身。1878年东京股票交易所正式创立,它是东京证券交易所的前身。

1891年香港成立了香港股票经纪协会,之后发展成为香港证券交易所。1891年中国外商组织成立了"上海股份公所"和"上海众业公所"。1914年中国当时的北洋政府颁布证券交易所法,1917年成立了北京证券交易所,1918年创办了北平证券交易所,1920年成立了上海证券物品交易所,至1952年全部关闭。

1990年12月成立了上海证券交易所,1991年6月成立了深圳证券交易所,标志着中国步入了证券市场发展的新时代。而1999年7月1日《中华人民共和国证券法》实施,意味着中国的证券市场走上了规范发展的健康道路。

二、证券市场的发展

进入20世纪之后,国际上的证券市场得到迅速发展,大致可以划分为以下三个阶段。

1. 自由放任阶段(1900—1929年)

20世纪前30年里,美、英等国的股份公司迅速增加,使股票市场规模和筹资能力迅速扩大。市场的发展和扩大表现在:一方面发行市场迅速扩大,流通市场空前繁荣,交易量直线上升;另一方面由于缺乏监管,股票欺诈和市场操纵时有发生,自由放任带来了严重的过度投机。当时主要股票市场的股票价格普遍被抬高到极不合理的程度,远远超过其实际价值。1929年10月29日,资本主义国家发生了严重的金融危机,作为经济晴雨表的各国股票市场相继出现了暴跌,投资者损失惨重,对国家的经济发展和人民的生活带来了巨大的影响。

2. 法制建设阶段(1930—1969年)

1929年经济危机之后,各国政府对股票市场开始全面加强法制化和规范化建设。以美国为例,政府开始从法律上对证券市场加以严格管理,制定了《1933年证券法》《1934年证券交易法》等一系列严密可行的证券法律。1934年美国成立证券交易管理委员会,直接对股票市场进行监督和管理,为美国证券市场成为世界上最大的证券市场奠定了基础。

其他国家的证券法制建设也在不断加强,证券市场逐渐得到规范和发展。

3. 迅速发展阶段(1970年以后)

20世纪70年代之后,随着西方工业发达国家经济规模化和集约化程度的提高,东南亚和拉美发展中国家经济的蓬勃兴起,以及现代电脑、通信和网络技术的进步,证券市场步入了迅速发展的阶段。

三、中国证券市场的发展与变化

20世纪90年代初,中国建立上海和深圳两个证券交易所以来,中国的证券市场取得了较大的成绩,也积累了较多的问题。中国加入WTO以后,随着经济全球化和跨国企业的快速发展,以及金融领域的全面开放,证券市场将不断发展壮大。中国证券市场充满生机和挑战,国内的优秀企业不断发行上市,使证券市场资源优化配置功能更加体现出来。另外,外资直接进入中国的证券市场,将对今后中国证券市场的发展带来结构性的变化。预计未来中国证券市场的发展必将显现如下特征。

1. 市场规模将更加壮大,层次更加多级

截至2015年11月23日,中国证券市场深圳、上海两个交易所上市公司中A股2780家、中小板767家、创业板484家,其中包括国有大中型工商企业、银行、保险等企业。从长远发展角度来看,未来仍将有更多的公司与企业上市,为中国证券市场的发展带来了保障。中国证券监督管理委员会将批准建立新三板,为民营中、小、微等类型的企业融资上市提供了较好的通道。未来中国的证券市场将形成多层次、全方位的市场体系。

2. 机构队伍仍将扩大,证券市场开放大势所趋

在中国的证券市场上,已形成券商、证券投资基金、中小投资者、QFII(合格境外证券机构投资者)等组成的投资群体。今后在中国的证券市场上,对外开放是大势所趋,国外资本不仅可以投资中国证券市场,国内投资者也可通过QDII(合格境内证券机构投资者)到国外资本市场去投资。《中华人民共和国QDII管理办法》的实施,表明国内投资者已经成为投资境外市场的投资者。

3. 证券市场与国际市场的联动将趋强

在过去的发展过程中,中国证券市场与国际证券市场联动性非常之弱,甚至经常出现相反的、独立的走势特征。进入新世纪后,随着中国对外开放金融市场,中国证券市场与国际市场形成了联动的局面,特别是中国证券市场股权割裂问题逐步解决后,中国证券市场与国际证券市场的联动性非常明显。特别是深港通和沪港通的开通,大陆、香港、澳门两岸三地的证券市场和投资者,实现互通和互投的市场整合。

4. 证券品种将更加丰富

目前中国证券市场投资品种主要集中在股票(A股、B股)和债券上,未来市场随着创新机制的完善,与股票和债券相关的新品种及其衍生产品将不断丰富市场,资产证券化品种也将以各种形式出现。中小企业板投资品种在完善过程中同样为投资者选择投资品种增加了可选择性。而且开放式基金规模的扩大、股权投资、股指期货、期权等金融衍生工具的出台将进一步丰富证券市场的投资品种并规避投资风险。

5. 融资渠道多元化

长期以来,中国企业在证券市场融资的主要方式为股权融资。但从未来的发展趋势上看,其融资渠道将更加广泛,从证券市场发展规划来看,企业通过发行债券融资的方式将会顺利实施,在债券市场的品种将逐步增加。过去上市融资一直是国有企业的"专利",但随着市场快速健康的发展,特别是上市公司注册制的制度推出,将为更多的民营企业、中小型公司上市融资创造宽松的条件,企业融资多元化趋势将更加明显。

6. 宏观经济为证券市场发展构建了良好的发展平台

展望未来的中国经济形势,中国经济仍将保持稳健的增长趋势。近 30 多年来,中国经济始终保持很高的经济增长速度,为证券市场的发展奠定了良好的经济基础,通过宏观调控后的中国经济如果仍然保持较快及稳定的增长,将为证券市场发展构建良好的发展平台。

7. 投资经营机构将被优胜劣汰

中国证券市场发展初期,证券公司运作出现危机,一些早期活跃的证券公司出现破产而被淘汰,主要原因是经营管理不规范,风险控制不力,加之证券市场低迷。随着证券市场的发展,基金管理机构队伍的不断庞大,基金管理机构也必将出现被淘汰的现象。

8. 证券市场部分品种风险加大,机会增加

未来中国证券市场的发展,特别是股票市场,由于历史问题的积累,在其解决过程中必将出现利益碰撞,解决方式与时机将直接影响市场而造成波动,对于部分优质类公司品种来讲或许风险较小,但对于许多价格扭曲、业绩平平的公司来讲风险较大。但未来证券市场伴随着风险的存在,同样机会也在增多,特别是机构投资者。QFII 机构的投资理念及投资方式的介入,为证券市场的投资者提供了多重的投资机会。

中国的证券市场发展潜力较大,前景非常广阔。证券市场作为中国资本市场的重要组成部分,为越来越多的企业和投资者创造了非常好的投融资机会。国家鼓励和支持证券市场发展壮大的方针,为市场的健康、规范发展奠定了良好的基础。但把握投资机会、回避市场风险应成为市场参与者的座右铭。

第三节 证券市场的地位与功能

一、证券市场的地位

证券市场在整个金融市场体系中具有非常重要的地位,是现代金融体系的重要组成部分。

从金融市场的功能来看,证券市场通过证券信用的方式为资金需求方融通资金,通过证券的买卖活动引导资金流动,促进资源的优化配置,推动经济增长,提高经济效率。

从金融市场的运行来看,金融市场体系的其他组成部分都与证券市场密切相关,证券市场与货币市场关系非常密切,资金在两个市场之间的流动,有利于控制金融风险。

首先,证券市场是货币市场上的资金需求者。证券的发行通常要有证券经营机构的垫款,垫款所需要的资金通常依赖于货币市场的资金供给。当证券市场上买卖兴旺、证券价格上涨时,又需要更多的资金来补助交易的完成,引起货币市场上的资金需求增长,利率上升。

其次,长期信贷的资金来源依赖于证券市场。在资本市场内部,长期信贷市场的发展也必须依赖于证券市场。作为金融机构的长期信贷资金,在很大程度上是通过证券市场来筹集的,比如金融机构通过证券市场发行股票等筹集资本金,通过证券市场发行金融债券筹集信贷资金等。

最后,任何金融机构的业务都直接或间接地与证券市场相关,而且证券金融机构与非证券金融机构在业务上又有很多交叉。

二、证券市场的基本功能

证券市场对推动国民经济迅速增长和世界经济一体化发挥着重要的作用,证券市场对经济的影响非常巨大,具体有以下四个主要功能。

1. 筹集资金

筹集资金是证券市场的首要功能。企业通过在证券市场上发行股票、债券,把分散在社会上的闲置资金集中起来,形成巨额的、可供长期使用的资本,用于支持社会化大生产和大规模经营。它是融资者和投资者直接建立的投融资市场,证券市场所能达到的筹资规模和速度是企业依靠自身积累和银行贷款所无法比拟的。

2. 转换机制

中国企业一直是以国有企业为主体地位,传统的经营管理模式是党委会、公司管理委员会、工会为核心的经营管理模式。但是,证券市场可促进公司转换经营机制,建立现代企业制度,建立股东代表大会、董事会、监事会为核心的经营管理模式。特别是国有企业通过股份制改造,可以实现自主经营、自负盈亏、政企分开,实现科学管理的现代企业制度。首先,企业要成为上市公司,就必须先改制为股份有限公司,适当分离企业的所有权和经营权,使公司的体制得到规范。其次,由于上市公司的资本来自众多股东,股东对企业经营管理的参与性有利于企业的发展。

上市公司必须履行信息披露义务,这就使企业时时处在各方面的监督和影响之中。一是来自股东的监督,股东作为投资者必然关心企业的经营状况和发展前景,并通过授权关系来实施他们的权力。二是来自资本市场的压力,企业经营业绩的好坏直接影响股价,股价的高低牵动着企业经营管理层和投资者,经营不善,股价下滑,可能导致企业被第三者收购、兼并或破产。三是来自社会的监督,特别是会计师事务所、律师事务所、证券交易所和社会舆论等的监督和制约,所有这些监督和制约将促使上市公司必须改善和健全内部经营管理和规范运作机制。

3. 优化资源配置

证券市场的优化资源配置功能,是通过一级市场筹资、二级市场股票的资金流动来实现的,投资者通过及时披露的各种信息,选择成长性好、盈利潜力大的股票进行投资,抛弃业绩滑坡、收益差的股票,这就使资金逐渐流向效益好、发展前景好的企业,推动其股价逐步上扬,为该公司利用股票市场进行资本扩张提供了良好的运作环境。而业绩差、前景黯淡的企业股价下滑,难以继续筹集资金,以致逐渐衰落、消亡或被兼并收购。政府可以通过产业政策和税收杠杆,利用证券市场的敏感性实现产业结构的升级和转换。

4. 分散风险

股票市场在给投资者和融资者提供投融资渠道的同时,也提供了分散风险的途径。

从资金需求者来看,通过发行股票筹集了资金,同时将其经营风险部分地转移和分散给投资者,实现了风险的社会化。对于投资者而言,投资者可以借助证券市场的证券投资来分享所投资发行证券企业的高收益回报。例如,美国电话电报公司股东多达300万个,该公司经营收益就由300万个股东共同分享,同时该公司的经营风险、市场风险也由300万个股东共同承担。

从投资者角度看,可以根据个人承担风险的程度,通过买卖股票和建立投资组合来转移和分散风险。投资者在资金多余时,可以购买股票进行投资,把消费资金转化为生产资金;在资金紧缺时,可以把股票卖掉变成现金以解决即期支付之需。

从市场交易变现的角度看,股票市场的高变现性使人们放心地把剩余资金投入股票市场,从而使闲散资金转化为生产资金,既使社会最大限度地利用了大量的闲散资金,又促进了个人财富的保值和增值。

当然,上述四个功能只是基本的功能,不能很好地归纳证券市场的所有功能,而且这四个基本概念中的有些功能,可能会随着市场的变化,出现功能的退化,或者市场重新衍生出更多更好的新功能。

1. 证券的定义、有价证券的分类是什么?
2. 简述中国证券市场的发展历程。
3. 如何运用证券市场的基本功能分析中国证券市场的发展?

第二章　证券投资品种

第一节　股　票

一、股票概述

1. 股票的基本概念

股票是股份公司为筹集资金而发行给股东作为持股凭证并借以取得股息和红利的一种有价证券。每股股票都代表股东对企业拥有一个基本单位的所有权，每个股东所拥有的公司所有权份额的大小，取决于其持有的股票数量占公司总股本的比重。上市的股票称流通股，可在股票交易所（即二级市场）自由买卖，股东能通过股票转让收回其投资，但不能要求公司返还其出资。非上市的股票没有进入股票交易所，因此不能自由买卖，称非上市流通股。

股票代表着其持有者（即股东）对股份公司的所有权，这种所有权是一种综合权利，如参加股东大会、投票表决、参与公司的重大决策、收取股息或分享红利等。同一类别的每一份股票所代表的公司所有权是相等的。股东与公司之间的关系不是债权债务关系，股东是公司的所有者，以其出资额为限对公司负有限责任，承担风险，分享收益。

2. 股票的基本特征

（1）不可偿还性，又称永久性。股票的永久性是指股票一旦发售，持有者不能把股票退回给公司，只能通过证券市场上出售才能收回本金。股票发行公司可以通过部分回购甚至全部回购已发行的股票，从股票交易所退出，重新回到非上市企业行列。

（2）参与性，又称控制权和表决权。股票持有人（股东）有权出席股东大会，选举公司董事会，参与公司的重大决策。股票持有者对企业的投资意志和享有的经济利益，通常是通过行使股东参与权来实现的。股东参与公司决策的权利大小，取决于其所持有的股份的多少。从实践中看，只要股东持有的股票数量达到左右决策结果所需的实际数时，就能掌握公司的决策控制权。因此，在国外的投资市场上,通过持股来实现收购、兼并企业的行为是比较普遍。

(3)收益性。股东凭其持有的股票,有权从公司领取股息或红利,获取企业投资和经营所带来的收益。股息或红利的大小,主要取决于公司的盈利水平和盈利分配政策。

股票的收益性还表现在股票投资者可以获得价差收入或实现资产保值和增值。即通过低价买入和高价卖出股票,投资者可以赚取价差利润,实现投机性投资行为的收益。以美国可口可乐公司的股票为例,如果在1983年底投资1000美元买入该公司股票,到1994年7月便能以11 554美元的市场价格卖出,赚取10倍多的利润。在通货膨胀时,股票价格会随着公司原有资产重置价格上升而上涨,从而避免了资产贬值。股票通常被视为在高通货膨胀期间可优先选择的投资对象。

(4)流通性。股票的流通性是指股票在不同投资者之间转换的可交易性。流通性通常以可流通的股票数量、股票成交量以及股价对交易量的敏感程度来衡量。可流通股数越多,成交量越大,价格对成交量越不敏感(价格不会随着成交量一同变化),股票的流通性就越好,反之就越差。股票的流通,使投资者可以在市场上卖出所持有的股票,获取或兑现现金。通过股票的流通和股价的变动,可以看出投资者对于相关行业和上市公司的发展前景和盈利潜力的判断。那些在流通中能吸引大量投资者、股价不断上涨的行业和公司,可以通过增发股票,不断吸收大量资本进行生产经营活动,收到优化资源配置的效果。

(5)价格的波动性和风险性。股票在交易市场上作为交易对象,与商品一样有自己的市场行情和市场价格。由于股票价格要受到诸如公司经营状况、供求关系、银行利率,以及投资大众心理等多种因素的影响,其波动具有很大的不确定性。正是这种不确定性,就有可能使股票投资者遭受损失。价格波动的不确定性越大,投资风险也就越大。因此,股票是一种高风险的金融投资产品。例如,称雄于世界计算机产业的国际商用机器公司(IBM),当其业绩良好时,股票价格曾高达每股170美元。但在其地位遭到挑战,出现经营失策而导致亏损时,股价又下跌到每股40美元。投资者如果不能选择合适时机买进或卖出该股票,就会导致投资活动的严重损失。

二、股票的类型

1. 普通股和优先股股票

按照股东权益和风险大小来分,上市公司的股份可以分为普通股和优先股。普通股股票是指在公司的经营管理、盈利及财产分配上享有普通权利的股份,代表满足所有债权偿付要求及优先股东的收益权与求偿权要求后对企业盈利和剩余财产的索取权,它构成公司资本的基础,是股票的一种基本形式,也是发行量最大、最为重要的股票。目前在上海和深圳证券交易所可以在二级市场流通和交易的股票都是普通股。

1) 普通股股票

普通股股票持有者按其所持有股份比例享有以下基本权利：

(1) 公司决策参与权。普通股股东有权参与股东大会，并有建议权、表决权和选举权，也可以委托他人代表其行使股东权利。

(2) 利润分配权。普通股股东有权从公司利润分配中得到股息。普通股的股息是不固定的，由公司赢利状况及其分配政策所决定。普通股股东必须在优先股股东取得固定股息之后，才有权享受股息分配权。

(3) 优先认股权。如果公司需要扩张而增发普通股股票时，现有普通股股东有权按其持股比例，以低于市价的某一特定价格优先购买一定数量的新发行股票，从而保持其对企业所有权的原有比例。

(4) 剩余资产分配权。当公司破产或清算时，若公司的资产在偿还欠债后还有剩余，其剩余部分按先优先股股东、后普通股股东的顺序进行分配。

2) 优先股股票

优先股是公司在筹集资金时，给予投资者某些优先权的股票，优先股起源于欧洲，英国在16世纪就已发行过优先股。但在后来发展的几百年里，由于生产力水平不高，一般公司为了便于管理，只发行普通股，很少发行优先股。进入20世纪后，随着经济发展和技术进步，为了筹集急需的巨额资金，优先股就有了适宜生长的土壤。公司发行优先股主要出于以下考虑：①清偿公司债务；②帮助公司渡过财政难关；③欲增、减公司资产，又不影响普通股股东的控制权。一些国家的公司法规定，优先股只能在公司增募新股或清理债务等特殊情况下才能发行。中国已经开始尝试性地发行优先股，以此来完善证券市场结构。

优先股的优先权主要表现在两个方面：

(1) 优先分配权。在公司分配利润时，拥有优先股票的股东比持有普通股票的股东分配在先，但仅享受固定金额的股利，即优先股的股利是相对固定的。

(2) 优先求偿权。若公司清算、分配剩余财产时，优先股在普通股之前分配。注意：当公司决定连续几年不分配股利时，优先股股东可以进入股东大会来表达他们的意见，保护他们自己的权利。

但优先股一般不参加公司的红利分配，持股人亦无表决权，不能借助表决权参加公司的经营管理。

优先股与普通股的主要差异见表2-1所示。

表 2-1 普通股与优先股对比分析表

	特　　点	对比分析	
普通股	在公司的经营管理、盈利及财产分配上享有普通权利的股份	决策参与权 利润分配权 优先认股权	优先股相比普通股,其收益和决策参与权有限,但风险较小
优先股	公司在筹集资金时,给予投资者某些优先权的股票	优先分配权 优先求偿权	

2. 绩优股和垃圾股

按照上市公司盈利和业务状况进行划分,上市公司的股份可以分为绩优股和垃圾股。绩优股就是业绩优良的公司股票。但对于绩优股的定义,国内外却有所不同。

一般而言,投资者衡量绩优股的主要指标是每股税后利润和净资产收益率。每股税后利润在全体上市公司中处于中、上地位,公司上市后净资产收益率连续三年显著超过10%的股票当属绩优股之列。当然,有些观点认为,绩优股主要是指业绩优良且比较稳定的大公司股票,大公司经过长期的努力,在行业内达到了较高的市场占有率,形成了经营规模优势,利润稳步增长,市场知名度很高。

理论界认为,绩优股具有较高的投资回报和投资价值。其公司拥有资金、市场、信誉等方面的优势,对各种市场变化具有较强的承受和适应能力。绩优股的走势相对稳定,长期保持上升趋势。因此,绩优股总是受到投资者,尤其是从事长期投资的稳健型投资者的青睐。

与绩优股相对应的是垃圾股,它指的是业绩较差的公司股票。这类上市公司由于行业前景不好或者经营不善等,有的甚至进入亏损行列。其股票在市场上的表现萎靡不振,股价走低,交投不活跃,年终分红也差。投资者在考虑选择这些股票时,要有比较高的风险意识,切忌盲目跟风投机。

绩优股和垃圾股不是天生的和绝对的。绩优股公司如果决策失误,经营不当,其股票可能沦落为垃圾股。而垃圾股公司经过资产重组和经营管理水平的提高,抓住市场热点,打开市场局面,也有可能将其股票变为绩优股。这样的例子在国内外的证券市场中,应该说比比皆是。

3. A股、B股、H股、N股和S股

在中国大陆按照股票的上市地点和所面对的投资者,可以将上市公司的股票分为：A股、B股、H股、N股和S股等。

A股是指人民币普通股票，它是由我国境内的公司发行，供境内机构、组织、QFII或个人（沪港通账户投资者）以人民币在深圳、上海两个交易所进行认购和交易的普通股股票。

B股是指人民币特种股票。它是以人民币标明面值，以外币认购和买卖，在境内（上海、深圳）证券交易所上市交易的，B股公司的注册地和上市地都在境内。

H股，即注册地在内地、上市地在香港联合证券交易所的外资股。香港的英文名称是"HongKong"，取其首字母，中国企业在香港上市的外资股就叫做H股。依此类推，纽约的第一个英文字母是N，新加坡的第一个英文字母是S，因此在纽约和新加坡上市的股票就分别叫做N股和S股。

4. 国有股、法人股、公司职工股和社会公众股

在中国大陆，股票按投资主体来分，上市公司的股份可以分为国有股、法人股、公司职工股和社会公众股。国有股是指有权代表国家投资的部门或机构，以国有资产向公司投资所形成的股份，包括以公司现有国有资产折算成的股份。由于中国大部分股份制企业都是由原国有大中型企业改制而来的，因此，国有股在公司股权中占有较大的比重。通过股份制改造，多种经济成分可以并存于同一企业，国家则通过控股方式，用较少的资金控制更多的资源，巩固了公有制的主体地位。

法人股是指企业法人或具有法人资格的企、事业单位和社会团体以其依法可经营的资产向公司非流通股权部分进行投资所形成的股份。目前在中国上市公司的股权结构中，法人股平均占20%左右。根据法人股认购的对象，可进一步将法人股分为境内发起法人股、外资法人股和募集法人股三个部分。

公司职工股是指公司职工股份制改造过程中自己出资购买，或给公司老职工以股权形式进行补偿，或公司利用股权激励机制所形成的公司职工持有的股份。它包括内部职工股和职工股。公司内部职工股是中国股份制改造初期的过渡性产物，现在已经不再新设，并逐步消除。

社会公众股是指中国境内个人和投资机构，以其合法财产购买公司可上市流通股权部分投资所形成的股份。中国投资者通过其拥有的股东账户在股票市场买卖的股票都是社会公众股。

5. 蓝筹股和红筹股

在海外股票市场上，投资者把那些在其所属行业内占有重要支配地位、业绩优良、成交活跃、红利优厚的大公司股票称为蓝筹股。"蓝筹"一词源于西方赌场，在西方赌场中有两三种颜色的筹码，其中蓝色筹码最为值钱，红色筹码次之，白色筹码最差。如美国通用汽车公司、埃克森石油公司和杜邦化学公司的股票都属于"蓝筹股"。

蓝筹股并非一成不变。随着公司经营状况的改变及经济地位的升降,蓝筹股的排名也会变更。据美国著名的《福布斯》杂志统计,1917年的100家最大公司中,目前只有43家公司股票仍在蓝筹股之列。如在美国当初"最蓝"、行业最兴旺的铁路股票,如今完全丧失了入选蓝筹股的资格和实力。

在香港股市中,最有名的蓝筹股当属全球最大商业银行之一的"汇丰控股",有华资背景的"长江实业"和中资背景的"中信泰富"等也属蓝筹股之列。中国大陆的股票市场虽然历史较短,但发展十分迅速,也逐渐出现了一批蓝筹股。

"红筹股"这一概念诞生于20世纪90年代初期的香港股票市场。中华人民共和国在国际上被称为红色中国,相应的香港和国际投资者把在境外注册、在香港上市的那些带有中国大陆概念的股票称为"红筹股"。

具体如何定义红筹股,尚存在着一些争议。目前主要的观点有两种:一种认为,应该按照业务范围来区分。如果某个上市公司的主要业务在中国大陆,其盈利中的大部分也来自该业务,那么这家在中国境外注册、在香港上市的股票就是红筹股,如国际信息公司彭博资讯所编制的红筹股指数就是按照这一标准来遴选的。另一种观点认为,应该按照权益多寡来划分。如果一家上市公司股东权益的大部分直接来自中国大陆,或具有大陆背景,也就是为中资所控股,那么这家在中国境外注册、在香港上市的股票才属于红筹股之列。1997年4月,恒生指数服务公司着手编制恒生红筹股指数时,就是按照这一标准来划定红筹股的。通常,这两类公司的股票都被投资者视为红筹股。

早期的红筹股主要是一些中资公司收购香港中小型上市公司后改造而形成的,如"中信泰富"等。近年来出现的红筹股,主要是内地的一些省、市将其在香港的"窗口公司"改组并在香港上市后形成的,如"上海实业""北京控股"等。红筹股已经成为除B股、N股外,内地企业进入国际资本市场筹资的一条重要渠道,红筹股的兴起和发展对香港股市有着十分积极的影响。

第二节 债 券

一、债券概述

1. 债券的定义

债券是政府、金融机构、工商企业等机构直接向社会借债筹措资金时,向投资者发行,并且承诺按约定利率支付利息,并按约定条件偿还本金的债权债务凭证。债券的本质是债的证明书,具有法律效力。债券购买者与发行者之间是一种债权、债务关系。债券发行人是债务人,投资者(或债券持有人)是债权人。

2. 债券的特征

(1)偿还性。债券一般都规定了偿还时限,发行人必须按约定条件偿还本金并支付相应利息。

(2)流通性。债券一般都可以在流通市场上自由转让。

(3)安全性。与股票相比,债券通常规定了固定的利率,与企业绩效没有直接联系,收益比较稳定,风险较小。此外,在企业破产时,债券持有者享有优先于股票持有者对企业剩余资产进行索取的权利。

(4)收益性。债券的收益性主要表现在两个方面:一是投资债券可以给投资者定期或不定期地带来利息收入;二是投资者可以利用债券价格的变动,在二级市场上买卖债券,从中赚取价格差额。

二、债券的分类

债券的分类可以从很多的角度进行划分。我们可以根据期限的长短划分为:短期债券、中期债券和长期债券;根据是否记名划分为:记名债券和不记名债券;根据担保情况划分为:信用债券和担保债券;根据可否提前赎回划分为:可提前赎回债券和不可提前赎回债券;根据债券票面利率是否变动划分为:固定利率债券、浮动利率债券和累进利率债券;根据发行人是否给予投资者选择权划分为:附有选择权的债券和不附有选择权的债券等。

债券的分类按照其分类的方式不同,可以分为许多种类型(图2-1)。

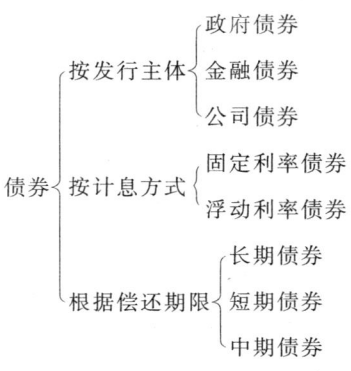

图 2-1 债券分类图

(一)按发行主体分类

债券按其发行主体可分为:政府债券、金融债券和公司债券。

1. 政府债券

政府债券（Government Bonds）的发行主体是政府，它是指政府财政部门或其他代理机构为筹集资金，以政府名义发行的债券，主要包括国库券和公债两大类。一般国库券是由财政部发行，用以弥补财政收支不平衡；公债是指为筹集建设资金而发行的一种债券。有时也将两者统称为公债。中央政府发行的称中央政府债券（国家公债），地方政府发行的称地方政府债券（地方公债）。

政府发行公债一般有两种情况：一是为国家经济建设筹集资金而发行的公债，称为"建设公债"，比如中国早期发行的"人民胜利折实公债"等；二是为弥补预算收支差额发行的公债，称为"赤字公债"，如1981年以来中国发行的国库券就属于这种性质。在有些情况下，利用举借公债的办法加大经济建设投入，不失为一种积极的发展战略；利用公债来弥补预算收支差额，有时也是平衡财政收支的一种有效手段。但国债的规模必须控制在适度的范围以内，否则将出现债务危机。

除中央政府发行债券之外，在不少的国家中有财政收入的地方政府及地方公共机构也发行债券，它们发行的债券称为地方政府债券。地方政府债券一般用于交通、通讯、住宅、教育、医院和污水处理系统等地方性公共设施的建设。与中央政府发行的国债一样，地方政府债券一般也是以当地政府的税收能力作为还本付息的担保。

但是，有些地方政府债券的发行是为了某个特定项目或给企业融资，因而不是以地方政府税收作为担保，而是以债券发行，进而以经营该项目所获的收益作为担保。比如地方政府为解决当地中低收入居民的住房困难，利用发行债券所得收入，修建一批大众化的"商品房"，以此获得的租售收入用于偿还债券的本金和利息。

中国发行的国债可分为凭证式国债、无记名（实物）国债和记账式国债三种。

(1) 凭证式国债是一种国家储蓄债，可记名、挂失，以"凭证式国债收款凭证"记录债权，不能上市流通，从购买之日起计息。在持有期内，持券人如遇特殊情况需要提取现金，可以到购买网点提前兑取。提前兑取时，除偿还本金外，利息按实际持有天数及相应的利率档次计算，经办机构按兑付本金的多少来一次性收取对应的手续费。

(2) 无记名（实物）国债是一种实物债券，以实物券的形式记录债权，面值不等，不记名，不挂失，可上市流通。发行期内，投资者可直接在销售国债机构的柜台购买。在证券交易所设立账户的投资者，可委托证券公司通过交易系统申购。发行期结束后，实物券持有者可在柜台卖出，也可将实物券交证券交易所托管，再通过交易系统卖出。

(3) 记账式国债以记账形式记录债权，通过证券交易所的交易系统发行和交易，可以记名、挂失。投资者进行记账式证券买卖，必须在证券交易所设立账户。

因为记账式国债的发行和交易均为无纸化,所以效率高,成本低,交易安全。

2. 金融债券

金融债券(Financial Bonds)是银行等金融机构作为筹资主体为筹措资金而面向个人发行的一种有价证券,是表明债务、债权关系的一种凭证。不同国家对金融债券的划分是不同的,在英、美等欧美国家,金融机构发行的债券归类于公司债券,在中国及日本等国家,金融机构发行的债券称为金融债券。

1) 金融债券的特点

金融债券相比于其他类型的债券有如下特点:

(1)金融债券能够比较有效地解决银行等金融机构的资金来源不足和期限不匹配的矛盾。一般来说,银行等金融机构的资金有三个来源,包括吸收存款、向其他机构借款和发行债券。吸收存款资金的特点之一,是在经济发生动荡时,易发生储户争相提款的现象,从而造成资金来源不稳定;向其他商业银行或中央银行借款所得的资金主要是短期资金,而金融机构往往需要进行一些期限较长的投融资活动,这样就出现了资金来源和资金运用在期限上的矛盾,因此发行金融债券能够比较有效地解决这个矛盾。

(2)金融债券能保证所筹集资金的稳定性。由于债券在到期之前一般不能提前兑换,只能在市场上转让,从而保证了所筹集资金的稳定性。

(3)同时,金融机构发行债券时可以灵活规定期限,比如为了一些长期投资项目,可以发行期限较长的债券。

因此,发行金融债券可以使金融机构筹措到稳定且期限灵活的资金,从而有利于优化资产结构,扩大长期投资业务。由于银行等金融机构在国家经济中占有较特殊的地位,政府对它们的运营又有严格的监管,因此金融债券的资信状况,通常高于其他非金融机构债券,违约风险相对较小,具有较高的安全性。金融债券的利率通常低于一般的企业债券,但高于风险更小的国债和银行储蓄存款利率。

2) 金融债券的分类

金融债券按不同标准可以划分为很多种类,最常见的分类有以下两种:

(1)根据利息的支付方式,金融债券可分为附息金融债券和贴现金融债券。如果金融债券上附有多期息票,发行人定期支付利息,则称为附息金融债券。如果金融债券是以低于面值的价格贴现发行,到期按面值还本付息,利息为发行价与票面的差额,则称为贴现金融债券。比如票面金额为1000元、期限为1年的贴现金融债券,发行价格为900元,1年到期时支付给投资者1000元,那么利息收入就是100元,而实际年利率就是11.11%[即{(1000−900)/900}×100%]。

按照国外通常的做法,贴现金融债券的利息收入要征税,并且不能在证券交易所上市交易。

(2)根据发行条件,金融债券可分为普通金融债券和累进利息金融债券。普通金融债券按面值发行,到期一次还本付息,期限一般是1年、2年和3年。普通金融债券类似于银行的定期存款,只是利率稍高。累进利息金融债券的利率不固定,在不同的时间段有不同的利率,并且一年比一年高,也就是说,债券的利率随着债券期限的增加累进。比如面值1000元、期限为5年的金融债券,第一年利率为9%,第二年利率为10%,第三年利率为11%,第四年利率为12%,第五年利率为13%。投资者可在第一年至第五年之间随时去银行兑付,并获得规定的利息。

3. 公司债券

公司债券是股份制公司发行的一种债务契约,公司承诺在未来的特定日期,偿还本金并按事先规定的利率支付利息。公司债券主要有以下几类。

(1)按是否记名可分为:①记名公司债券,即在券面上登记持有人姓名,支取本息要凭印鉴领取,转让时必须背书并到债券发行公司登记的公司债券。②不记名公司债券,即券面上不需载明持有人姓名,还本付息及流通转让仅以债券为凭,不需登记。

(2)按持有人是否参加公司利润分配可分为:①参加公司债券,指除了可按预先约定获得利息收入外,还可在一定程度上参加公司利润分配的公司债券。②非参加公司债券,指持有人只能按照事先约定的利率获得利息的公司债券。

(3)按是否可提前赎回分为:①可提前赎回公司债券,即发行者可在债券到期前购回其发行的全部或部分债券。②不可提前赎回公司债券,即只能一次性到期还本付息的公司债券。

(4)按发行债券的目的可分为:①普通公司债券,即以固定利率、固定期限为特征的公司债券。这是公司债券的主要形式,目的在于为公司扩大生产规模提供资金来源。②改组公司债券,是为清理公司债务而发行的债券,也称为以新换旧债券。③利息公司债券,也称为调整公司债券,是指面临债务信用危机的公司经债权人同意而发行的较低利率的新债券,用以换回原来发行的较高利率债券。④延期公司债券,指公司在已发行债券到期无力支付,又不能发新债还旧债的情况下,在征得债权人同意后可延长偿还期限的公司债券。

(5)按发行人是否给予持有人选择权分为:①附有选择权的公司债券,指在一些公司债券的发行中,发行人给予持有人一定的选择权,如可转换公司债券(附有可转换为普通股的选择权)、有认股权证的公司债券和可退还公司债券(附有持有人在债券到期前可将其回售给发行人的选择权)。②未附选择权的公司债券,即债券发行人未给予持有人相关选择权的公司债券。

公司债券与其他债券相比,具有以下主要特点。

(1)风险性较大。公司债券的还款来源是公司的经营利润,但是任何一家公司的未来经营都存在很大的不确定性,因此公司债券持有人承担着损失利息甚至本金的风险。

(2)收益率较高。按风险与收益成正比的原则,要求较高风险的公司债券需提供给债券持有人较高的投资收益。

(3)对于某些债券而言,发行者与持有者之间可以相互给予一定的选择权。

4.三种主要债券对比分析

三种债券基本情况和风险状况对比总结见表2-2所示。

表2-2 政府债券、金融债券、公司债券对比分析表

债券品种	发行主体	发行目的	收益率	风险率	收益率和风险
政府债券	政府财政部门或其他代理机构	为国家经济建设筹集资金;为弥补预算收支差额	小	低	收益情况:政府债券＜金融债券＜公司债券 安全性:政府债券＞金融债券＞公司债券
金融债券	银行、非银行类金融机构	在经济发生动荡时,维护资金的稳定;进行长期项目投资	一般较大	较低	
公司债券	股份制公司	扩大生产规模;维持生产运营	大	高	

(二)按计息方式分类

根据债券利率在偿还期内是否变化,可将债券区分为固定利率债券和浮动利率债券。

1.固定利率债券

固定利率债券是指在发行时,规定利率在整个偿还期内不变的债券。固定利率债券不考虑市场变化因素,因而其筹资成本和投资收益可以事先预计,不确定性较小,但债券发行人和投资者仍然必须承担市场利率波动的风险。如果未来市场利率下降,发行人能以更低的利率发行新债券,则原来发行的债券成本就显得相对高昂,而投资者获得了相对现行市场利率更高的报酬,故原来发行的债券价格将上升;反之,如果未来市场利率上升,新发行债券的成本增大,则原来发行的债券成本就显得相对较低,而投资者的报酬低于购买新债券的收益,故原来发行的债券价格将下降。

2. 浮动利率债券

浮动利率债券是指发行时，规定债券利率随市场利率定期浮动的债券。也就是说，债券利率在偿还期内可以进行变动和调整。浮动利率债券往往是中、长期债券。浮动利率债券的利率，通常根据市场基准利率加上一定的利差来确定。美国浮动利率债券的利率水平，主要参照3个月期限的国债利率。欧洲则主要参照伦敦同业拆借利率（指设在伦敦的银行相互之间短期贷款的利率，该利率被认为是伦敦金融市场利率的基准）。如1984年4月底，苏联设在英国伦敦的莫斯科国民银行发行了5000万美元的7年期浮动利率债券，利率为伦敦同业拆借利率基础上加0.185%。

由于债券利率随市场利率浮动，采取浮动利率债券形式，可以避免债券的实际收益率与市场收益率之间出现任何重大差异，使发行人的成本和投资者的收益与债券存续期内的变动趋势相一致。但债券利率的这种浮动性，也使发行人的实际成本和投资者的实际收益在事前带有很大的不确定性，从而导致较高的风险。

浮动利率债券的种类较多，如规定有利率浮动上、下限的浮动利率债券，规定利率到达指定水平时可以自动转换成固定利率债券的浮动利率债券，附有选择权的浮动利率债券，以及在偿还期的一段时间内实行固定利率、另一段时间内实行浮动利率的混合利率债券等。

（三）根据偿还期限分类

根据偿还期限不同，债券可分为长期债券、短期债券和中期债券（表2-3）。

表2-3 按偿还期限不同债券的分类表

分类	国债	企业债券
长期债券	$t>10$ 年	$t>5$ 年
中期债券	1 年 $\leq t \leq 10$ 年	1 年 $\leq t \leq 5$ 年
短期债券	$t<1$ 年	$t<1$ 年

短期债券的发行者主要是工商企业和政府。金融机构中的银行因为以吸收存款作为自己的主要资金来源，并且很大一部分存款的期限是1年以下，所以较少发行短期债券。

企业发行短期债券大多是为了筹集临时性周转资金。在中国这种短期债券的期限分别为3个月、6个月和9个月。1988年中国企业开始发行短期债券，截至1996年底，企业通过发行短期债券共筹资105 508亿元，现在正在逐步扩大。

政府发行短期债券大多是为了平衡预算开支。美国政府发行的短期债券分为3个月、6个月、9个月和12个月四种。中国政府发行的短期债券较少。

中、长期债券的发行者主要是政府、金融机构和企业。发行中长期债券的目的是获得长期稳定的资金。中国政府发行的债券主要是中期债券,集中为3～5年期限。1996年中国政府开始发行期限为10年的长期债券。

三、可转换公司债券

可转换公司债券(简称为可转换债券)是指其持有者可以在一定时期内按一定比例或价格将之转换成一定数量的另一种证券的债券。从本质上讲,可转换债券是在发行公司债券的基础上附加了一份期权,并允许购买人在规定的时间范围内将其购买的债券转换成指定公司的股票。

可转换债券兼有债券和股票的双重特性,具有以下三个特点:

(1)债权性。与其他债券一样,可转换债券也有规定的利率和期限。投资者可以选择持有债券,到期可收回本金和利息。

(2)股权性。可转换债券在转换成股票之前是纯粹的债券,但在转换成股票之后,原债券持有人就由债权人变成了公司的股东,可参与企业的经营决策和红利分配。

(3)可转换性。可转换性是可转换债券的重要标志。债券持有者可以按约定的条件将债券转换成股票。转股权是投资者享有的、一般债券所没有的选择权。可转换债券在发行时就明确约定债券持有者可按照发行时约定的价格,将债券转换成公司的普通股股票。如果债券持有者不想转换,则可继续持有债券直到偿还期满时收回本金和利息,或者在流通市场出售变现。

可转换债券的投资者还享有将债券回售给发行人的权利。一些可转换债券附有回售条款,规定当公司股票的市场价格持续低于转股价(即按约定可转换债券转换成股票的价格)达到一定幅度时,债券持有人可以把债券按约定条件回售给债券发行人。

另外,可转换债券的发行人拥有强制赎回债券的权利。一些可转换债券在发行时附有强制赎回条款,规定在一定时期内,若公司股票的市场价格高于转股价达到一定幅度并持续一段时间时,发行人可按约定条件强制赎回债券。

由于可转换债券附有一般债券所没有的选择权,因此可转换债券利率一般低于普通公司债券利率。企业发行可转换债券有助于降低其筹资成本,但可转换债券在一定条件下可转换成公司股票,因而会影响到公司的所有权。

四、债券的收益率

投资者投资债券时,最关心的就是债券收益有多少。为了精确衡量债券收益,一般使用债券收益率作为指标。债券收益率是债券收益与其投入本金的比率,通常用年率表示。债券收益不同于债券利息,债券利息仅指债券票面利率与债券面值的乘积。但由于人们在债券持有期内,还可以在债券市场进行买卖,赚取价差,因此债券收益除利息收入外,还包括买卖盈亏差价。

决定债券收益率的主要因素包括:债券的票面利率、期限、面值和购买价格。

最基本的债券收益率计算公式为:

$$债券收益率 = \frac{到期本息和 - 发行价格}{发行价格 \times 偿还期限} \times 100\%$$

由于债券持有人可能在债券偿还期内转让债券,因此债券的收益率还可分为债券出售者的收益率、债券购买者的收益率和债券持有期间的收益率。各自的计算公式如下:

$$\frac{债券出售者}{的收益率} = \frac{卖出价格 - 发行价格 + 持有期间的利息}{发行价格 \times 持有年限} \times 100\%$$

$$\frac{债券购买者}{的收益率} = \frac{到期本息和 - 买入价格}{买入价格 \times 剩余期限} \times 100\%$$

$$\frac{债券持有期间}{的收益率} = \frac{卖出价格 - 买入价格 + 持有期间的利息}{买入价格 \times 持有年限} \times 100\%$$

例如:某人于 1995 年 1 月 1 日,以 102 元的价格购买了一张面值为 100 元、年利率为 10%、每年 1 月 1 日支付一次利息的 1991 年发行的 5 年期国库券,并持有到 1996 年 1 月 1 日到期,则:

$$债券购买者的收益率 = \frac{100 + 100 \times 10\% - 102}{102 \times 1} \times 100\% = 7.8\%$$

$$债券出售者的收益率 = \frac{102 - 100 + 100 \times 10\% \times 4}{100 \times 4} \times 100\% = 10.5\%$$

再如:某人于 1993 年 1 月 1 日以 120 元的价格购买了面值为 100 元、利率为 10%、每年 1 月 1 日支付一次利息的 1992 年发行的 10 年期国库券,并持有到 1998 年 1 月 1 日以 140 元的价格卖出,则:

$$\frac{债券持有期间}{的收益率} = \frac{140 - 120 + 100 \times 10\% \times 5}{120 \times 5} \times 100\% = 11.7\%$$

以上计算公式没有考虑把获得的利息进行再投资的因素。如果把所获利息的再投资收益计入债券收益,据此计算出来的收益率,即为复利收益率。这里就不再举例了。

五、债券的偿还方式

债券的偿还方式通常有如下几种:
(1)到期偿还、期中偿还和展期偿还。
(2)部份偿还和全额偿还。
(3)定时偿还和随时偿还。
(4)抽签偿还和买入注销。

六、国际债券

国际债券是国家政府、金融机构、工商企业或国际组织为筹措和融通资金,在国外金融市场上发行的、以外国货币为面值的债券。国际债券的重要特征是发行者和投资者属于不同的国家,筹集的资金来源于国外金融市场。国际债券的发行和交易,既可用来平衡发行国的国际收支,也可用来为发行国政府或企业引入资金从事开发和生产。

根据发行债券所用货币与发行地点的不同,国际债券又可分为:欧洲债券和外国债券。

1. 欧洲债券

欧洲债券是国家政府、金融机构、工商企业或国际组织在国外债券市场上以第三国货币为面值发行的债券。例如,法国一家机构在英国债券市场上发行的以美元为面值的债券即是欧洲债券。欧洲债券的发行人、发行地以及面值货币分别属于三个不同的国家。

欧洲债券产生于20世纪60年代,是随着欧洲货币市场的形成而兴起的一种国际债券。60年代以后,由于美国资金不断外流,美国政府被迫采取一系列限制性措施。1963年7月美国政府开始征收"利息平衡税",规定美国居民购买外国在美发行的证券,所得利息一律要付税。1965年美国政府又颁布条例,要求银行和其他金融机构限制对国外借款人的贷款数额。这两项措施使外国借款者很难在美国发行美元债券或获得美元贷款。另一方面,在60年代许多国家有大量盈余美元,需要投入借贷市场获取利息,于是一些欧洲国家开始在美国境外发行美元债券,这就是欧洲债券的由来。

欧洲债券最初主要以美元为计值货币,发行地以欧洲为主。20世纪70年代后,随着美元汇率波动幅度增大,以欧元和日元为计值货币的欧洲债券的比重逐渐增加,同时发行地开始突破欧洲地域限制,在亚太、北美以及拉丁美洲等地发行的欧洲债券日渐增多。欧洲债券自产生以来发展十分迅速,1992年债券发行量为2761亿美元,1996年债券发行量增至5916亿美元,在国际债券市场上,欧洲债券所占比重远远超过了外国债券。

欧洲债券之所以对投资者和发行者有如此巨大的魅力,主要有以下几方面原因。

(1) 欧洲债券市场是一个完全自由的市场,债券发行较为自由灵活,既不需要向任何监督机关登记注册,又无利率管制和发行数额限制,还可以选择多种计值货币。

(2) 发行欧洲债券筹集的资金数额大、期限长,而且对财务公开的要求不高,方便筹资者筹集资金。

(3) 欧洲债券通常由几家大的跨国金融机构联合办理发行,发行面广,手续简便,发行费用较低。

(4) 欧洲债券的利息收入通常免交所得税。

(5) 欧洲债券以不记名方式发行,并可以保存在国外,适合一些希望保密的投资者需要。

(6) 欧洲债券安全性和收益率高。欧洲债券发行者大多为大公司、各国政府和国际组织,它们一般都有很高的信誉,对投资者来说是比较可靠的,同时欧洲债券的收益率也较高。

2. 外国债券

外国债券是一国政府、金融机构、工商企业或国际组织在另一国发行的以当地国货币计值的债券。如1982年1月,中国国际信托投资公司在日本东京发行的100亿日元债券就是外国债券。

扬基债券、武士债券和龙债券是外国债券的几个主要品种。

(1) 扬基债券:是在美国债券市场上发行的外国债券,即美国以外的政府、金融机构、工商企业和国际组织在美国国内市场发行的、以美元为计值货币的债券。"扬基"一词英文为"Yankee",意为"美国佬"。由于在美国发行和交易的外国债券都是同"美国佬"打交道,故名扬基债券。

扬基债券具有如下几个特点:①期限长、数额大。扬基债券的期限通常为5~7年。一些信誉好的大机构发行的扬基债券期限甚至可达20~25年。近年来扬基债券发行额平均每次都在7500万~1亿美元之间,有些大额发行甚至高达几亿美元。②美国政府对其控制较严,申请手续远比一般债券繁琐。发行者以外国政府和国际组织为主。投资者以人寿保险公司、储蓄银行等机构为主。③扬基债券存在的时间很长。在20世纪80年代以前,扬基债券的发行受到美国政府十分严格的控制,发行规模不大。80年代中期以来,美国国会顺应金融市场改革潮流,通过了证券交易修正案,简化了扬基债券发行手续。之后,扬基债券市场得到了快速的发展,1992年扬基债券的发行量为232亿美元,1996年增至405亿美元。

(2)武士债券:是在日本债券市场上发行的外国债券,是日本以外的政府、金融机构、工商企业和国际组织在日本国内市场发行的以日元为计值货币的债券。"武士"是日本古时的一种很受人尊敬的职业,后来人们习惯将一些带有日本特性的事物与"武士"连同使用,武士债券也因此得名。武士债券均为无担保发行,典型偿还期限为3~10年,一般在东京证券交易所交易。第一笔武士债券是亚洲开发银行在1970年12月发行的。早期武士债券的发行者主要是国际机构。1973年—1975年由于受到世界石油价格暴涨的影响,日本国际收支恶化,武士债券的发行相应中断。20世纪80年代以后,日本贸易出现巨额顺差,国内资金充裕,日本放宽了对外国债券发行的限制,武士债券发行量大幅度增加,1996年发行量达到了355亿美元。

中国金融机构进入国际债券市场发行外国债券就是从发行武士债券开始的。1982年1月,中国国际信托投资公司在日本东京发行了100亿日元的武士债券。1984年11月,中国银行又在日本东京发行了200亿日元的武士债券。

(3)龙债券:是以非日元的亚洲国家或地区货币发行的外国债券。龙债券是东亚经济迅速增长的产物。从1992年起龙债券得到了迅速发展。龙债券在亚洲地区(香港或新加坡)挂牌上市,其典型偿还期限为3~8年。龙债券对发行人的资信要求较高,一般为政府及相关机构。龙债券的投资人包括官方机构、中央银行、基金管理人及个人投资者等。

债券与股票存在明显的异同。债券与股票的相同点:都是有价证券,都是筹资手段,收益率相互影响。债券与股票的区别:权利不同,目的不同,期限不同,收益不同,风险不同(表2-4)。

表2-4 债券与股票的对比情况分析表

异同点	债 券	股 票
权利不同	债权凭证	所有权凭证
目的不同	公司的负债,不是资本金	筹措的资金列入公司资本
期限不同	有偿还期	具有永久性
收益不同	利息固定	红利股息不固定
风险不同	风险相对较小	风险较大
相同点	都是有价证券,都是筹资手段,收益率相互影响	

第三节 证券投资基金

一、证券投资基金概述

1. 基本概念

证券投资基金(Securities Investment Funds)是指通过公开发售基金份额募集资金,有基金托管人托管,由基金管理人管理和运作资金,为基金份额持有人的利益,以资产组合方式进行证券投资的一种利益共享、风险共担的集合投资方式。证券投资基金的投资对象可以是资本市场上的上市股票和债券,货币市场上的短期票据和银行同业拆借,以及金融期货、黄金、期权交易、不动产等,有时还包括虽未上市但具有发展潜力的公司债券和股权。

2. 证券投资基金的性质

(1)证券投资基金是一种金融市场的媒介。它存在于投资者与投资对象之间,起着把投资者的资金转换成金融资产,通过专门机构在金融市场上再投资,从而使货币资产得到增值的作用。证券投资基金的管理者对投资者所投入的资金负有经营、管理的职责,而且必须按照合同(或契约)的要求确定资金投向,保证投资者的资金安全和收益最大化。

(2)证券投资基金是一种金融信托形式。它与一般金融信托关系一样,主要有委托人、受托人、受益人三个关系人。其中受托人与委托人之间订有信托契约。但证券投资基金作为金融信托业务的一种形式,又有自己的特点。如主要从事有价证券投资;主要当事人中还有一个不可缺少的托管机构,它不能与受托人(基金管理公司)由同一机构担任,而且基金托管人一般是法人;基金管理人并不对每个投资者的资金都分别加以运用,而是将其集中起来,形成一笔巨额资金再加以运用。

(3)证券投资基金本身属于有价证券的范畴。它发行的凭证即基金券(或受益凭证、基金单位、基金股份)与股票、债券一起构成有价证券的三大品种。

证券投资基金与股票、债券所反映的关系是不同的,由此带来的收益和风险也是不同的。

股票反映的是一种产权关系,其收益取决于多种因素的影响,因此其投资收益是不固定的,风险性较大。证券投资基金则反映的是一种信托关系,除公司型基金外,购买基金券并不是取得所购基金券发行公司的经营权,也不参加证券的发行、销售工作。同时证券投资基金是由投资专家进行操作,按照投资组合理论进行分散投资,因而能把风险降低到最低限度,把收益提高到最高程度。

从债券方面来说,债券反映的是债权人和债务人之间的一种借贷关系,双方通常事先确定利率,债务人到期必须还本付息于债权人,因此其收益是固定的。

证券投资基金则不同(专指公司型证券投资基金),由于其设立等同于股份公司,投资者投资于该类公司,作为其股东是一种所有者的关系。契约型基金则是一种信托关系,而不是借贷关系。证券投资基金可以通过赎买方式抽回资金,为投资者的进退提供了便利。因此证券投资基金的投资风险小于股票但大于债券,因而其收益一般也大于债券投资。

二、证券投资基金的优势与局限性

1. 优势

证券投资基金是专门为众多的中小投资者设计的一种间接投资工具,与其他投资方式相比,具有自身独特的优势。

(1)小额投资,费用低廉。投资基金的本质是汇小钱成大钱,它是按购买基金单位起算的。每单位数额大小有的只有几元,几十元,这样就为中小投资者解决了"钱不多,入市难"的问题。此外,证券投资基金市场上的激烈竞争亦使投资基金各项费用的收取非常低廉。

(2)分散投资,分散风险。据专家估计,要做到起码的分散风险,证券投资基金投资的证券品种至少要持有10种以上,这对于中小投资者来说较为困难。而证券投资基金一般实力较雄厚,可以把投资者的资金分散投资于各种不同的有价证券,建立合理的证券投资组合,从而把风险降到最低限度。

(3)专业管理,专家操作。证券投资基金的管理人员一般都受过专门训练,在投资领域积累了相当丰富的经验,他们对国内外经济状况及各行业、各公司的运营和潜力都有系统的分析,因此证券投资基金在投资过程中出现错误的概率,较之个人就小得多。

(4)流动性强,变现性高。对于封闭型基金,投资者可以通过证券交易市场买卖基金单位。对于开放型基金,投资者可随时要求基金管理公司卖出或买回基金单位,流动性很强。一般来说,只需四五天时间便可以完成整个转让或交易过程。

(5)规模经营,成本降低。买卖股票必须付给证券商佣金,单位佣金量的多少是随着证券交易数量的增大而递减的。由于投资基金证券交易数额庞大,因此可以享受佣金折扣的优惠,从而降低了经营成本。

(6)种类繁多,投资灵活。证券投资基金经过100多年的发展,其投资对象几乎包罗了金融市场上所有的金融产品。从地区上看,世界上只要有金融投资的地方,就会有证券投资基金存在的可能。因此,证券投资基金为投资者提供了一个非常广阔的选择余地,投资者可以灵活自主地选择种类繁多的证券投资基金。

(7)经营稳定,收益可观。证券投资基金风险比股票低,收益比债券高。封闭型基金上市后,还有可能获得供求差价。基金经营期满后,投资者还享有分配基金剩余财产的权利。

(8)资产的管理职能与保管职能相分离,安全性高。无论是公司型基金,还是契约型基金,它们在其资产管理上都有一个明显的共同点,即它们的管理操作者与它们的保管者完全分离,这样有利于各机构间的相互监督,防止将证券投资基金的财产挪作他用,以确保投资者的利益。

证券投资基金除上述列举的优势外,还有诸如既适合个人投资者,也适合机构投资者等优势。由于资金运作具有周期性,相对于机构投资者而言,在非全额投入时期,通常可考虑把一部分资金用来购买合适的其他证券投资基金,这样既能有效地管理现金流动,又能稳定地取得高于银行存款利息的收益。作为自身拥有投资管理机构的金融性公司来说,参与证券投资基金能使他们有更多的时间和精力运筹其他投资工具,以期实现股东权益最大化。

另外,证券投资基金对于发展中国家,尤其是对市场经济处于初级阶段、证券市场刚刚起步的中国,其优势的发挥更具有特殊的含义。

证券投资基金的确比其他投资工具具有较高层次的优势,它既是金融商品市场发展到一定程度的产物,同时又能迎合不同阶层,尤其是中小投资者的需要。因此,证券投资基金市场的前景和潜力将是非常广阔的。

2. 局限性

像其他任何事物一样,证券投资基金并不是一种十全十美的投资方式,也有其自身的局限性。这主要表现在以下几个方面。

(1)证券投资基金是一种间接性投资工具。人们投资于证券投资基金,就等于失去了直接参与证券投资和其他行业投资的机会,虽然省去了不少精力和麻烦,且总体回报也较有保障,但短期收益有可能会比直接投资所获得的回报低。

(2)证券投资基金可以分散投资,降低风险,但不能完全消除风险。这是因为在市场经济条件下,任何投资活动和投资行为都要承担一定的风险。有人认为,在证券市场进行投资,具有风险大、收益高,风险小、收益也少的特征。另外,由于证券投资基金是机构投资者,故受到来自于政治和经济、政策或法令的变更等外在因素影响所形成的风险,同时还有来自于基金管理人的管理不善等内在因素影响。

证券投资基金是一种间接性的投资工具,因而其风险也主要是间接性风险。但无论如何,投资者还是应该对证券投资基金的风险有明确的认识,以增强对各种投资风险的心理准备和接受证券市场投资风险的能力。

(3)证券投资基金操作灵活性问题。在股市出现空头,行情看淡时,证券投资基金的表现可能比股市还差;而股市看好时,如果证券投资基金持股太低,其获利反而不如直接投资股票。这是因为按法令或政策规定,证券投资基金必须把投资目标和策略公开的管理制度,将所投资的结构和持仓情况及时登载并公告投资情况。如果基金经理仅仅是为保护证券投资基金的资产,对投资计划作较大的更改可能会违反相关的管理规定或需要改变既定的策略。通常情况下,投资基金经理也只能力求把损失减少到最低程度。而且当证券投资基金收益偏低时,许多基金经理不愿将大部分股票换成现金,因为即使把股票换成现金有时也很冒险,特别是当这些股票是冷门股或交易量很大时。上述这些情况在一定程度上约束了证券投资基金操作的灵活性。

(4)证券投资基金只宜作中长线投资,而不宜作短线炒卖。投资者如果频繁买卖证券投资基金,所支付的手续费可能会较高,从而增大了投资成本。

尽管证券投资基金存在上述种种局限,但与其诸多优势相比,权衡利弊,仍值得大力推广。20世纪90年代初,美国已有1万亿美元投资于共同基金,大约1/4家庭投资于共同基金。共同基金在美国已成为最普遍、发展最为迅速的投资工具。中国的证券投资基金发展起步较晚,但在短短几年中证券投资基金业务已经取得了很大进步,在中国建立和完善社会主义市场经济体制的新形势下,证券投资基金在中国将会有巨大的发展潜力和广阔前景。

三、证券投资基金与股票、债券之间的联系与区别

证券投资基金与股票、债券之间对比分析见表2-5所示。

表2-5 证券投资基金与股票、债券的对比分析

	证券投资基金	股票	债券
关系	信托关系	所有权关系	债权债务关系
风险程度	组合投资,风险分散	大于基金	保证本金,收益固定,最大的是信用风险
收益情况	不确定	不确定	确定
投资方式	间接投资工具,投于有价证券和不动产	直接投资工具,投于实业领域	直接投资工具,投于实业领域
价格取向	资产净值	供求及公司基本面	利率
投资回收方式	封闭式有一定期限;开放式一般没有期限	无续存期限	有续存期限,期满收回本金

三者之间具有如下联系：
(1)证券投资基金、股票、债券都是有价证券,对它们的投资均为证券投资。
(2)基金份额的划分类似于股票,股票是按"股"划分,计算其总资产。证券投资基金资产则划分为若干个"基金份额"或"单位",投资者按持有基金份额或单位分享证券投资基金的增值收益。
(3)股票、债券是证券投资基金的主要投资对象。

四、证券投资基金的起源与发展

1. 证券投资基金的起源

证券投资基金是一种满足投资者追求高额利润和资本安全的金融工具,它是随着证券市场的出现而产生的。一般认为,证券投资基金起源于英国。

19世纪英国产业革命成功,生产力得到了巨大的解放和发展,社会和个人财富迅速增长,国内资金显得十分充裕。于是许多投资者将目光投向海外市场,以谋求资本的最大增值。一些不法欺诈分子,利用投资者的这股海外投资热情以及他们缺乏国际投资知识、无力自行经营的弱点,乘机组建所谓的投资公司,诱使投资者购买其股票,在股票售出之后,即宣告破产倒闭,以骗取投资者的钱财。大量的中小投资者由此受骗上当,大大增加了投资风险。针对这种情况,英国政府于1868年在伦敦设立了"国外及殖民地政府信托基金",委托具有专门知识的代理人代办投资并分散风险,让中小投资者一样享受投资的收益,该基金便是世界上第一家较为正式的证券投资基金。

由于当时英国的殖民地和工业品贸易遍及全世界,该基金主要是购买外国和殖民地公司的股票,再卖给因工业革命而兴起的中产阶级。其投资多以国外殖民地的公司债券为主,投资的区域较广,可以说凡是英国的殖民地都有其投资。

在证券投资基金运作初期,英国的投资信托并非公司组织,而是"契约型"投资基金。它们采取合作方式经营,即在投资者与代理投资者之间通过信托契约的合作形式,规定各个当事人应享有的权利和义务,代理人接受委托,非专职地管理和运用这些基金的资产。直到1837年,被称为"投资之父"的罗伯特·佛莱明在丹地市创办了"苏格兰美洲信托"组织,专门办理美洲新大陆的铁路投资业务,聘请专业的管理人对基金进行专业的管理,投资基金才开始成为由专业管理人操作的赢利性业务。到1890年英国营运的证券投资基金已有101家,这些基金具有一个共同特点,就是均以对外投资为目的,并以公债作为主要投资对象。尽管这些早期的证券基金投资对象比较单一,但它已体现出其追求投资盈利并注重资本安全的经营特征。

1879年,英国颁布了《股份有限公司法》。该法令的颁布是证券投资基金历史上的一个重大转折点。以前的契约型投资信托相继依法转换成为股份有限公司组织,早期的这些投资股份公司,其发行在外的受益凭证数目规定不变,也不向投资者买回或再卖出。投资者欲出售或买进,只能在市场上进行,其价格是依市场供求关系来决定的,这就是所谓的封闭型基金。证券投资基金始于封闭型基金,以后才有开放型基金。

2. 证券投资基金的发展

第一次世界大战结束以后,美国经济获得了巨大发展。国内经济空前繁荣,国民收入大幅增长,从而大大刺激了美国的国内外投资活动。不仅资本家热衷于从事证券投资,普通大众也开始热衷于从事证券投资活动。随着经济的大幅增长,经济活动也日趋复杂,一些投资者难以判断经济动向,投资的风险不断增加。在此背景下,英国的投资信托制度被引入到美国。1921年4月,美国组建了第一家基金组织"美国国际证券信托",其经营运作方式也是依照英国的投资基金运营模式。

1924年3月21日,波士顿成立了"马萨诸塞投资信托基金",它由哈佛大学200名教授出资5万美元组成。其管理机构是马萨诸塞金融服务公司,宗旨是为投资者提供专业化的投资管理。与以往基金不同的是,基金公司必须按基金的净资产值持续地出售股份给投资者,或者随时准备赎回它发行在外的股份。它被认为是开放型基金的始祖,真正具有现代意义的第一家美国证券投资基金是共同基金。该基金一经推出,就受到投资者的欢迎,其发展也比较快。在运行的第一年,其资产值增至39.4万美元。在以后的几年中,证券投资基金在美国得到了迅速的发展。在1926年—1928年的三年间,美国的共同型投资基金已经多达480家。到1929年底,投资基金资产高达70亿美元,为1926年的7倍。

1929年由美国首先爆发然后遍及全球的经济危机中,股市崩溃,投资者和投资基金也厄运难逃,许多投资基金纷纷倒闭。特别是封闭型基金受害更深,只剩下十多家勉强维持。投资者开始对投资机构产生不信任情绪,证券投资基金相对处于一个低谷时期。为了复苏经济,保护投资者利益,刺激投资,美国联邦政府和证券管理委员会制定了一系列法律和规章制度,以规范证券投资行为,加强对经济、金融、股市的宏观管理。1933年颁布了《联邦证券法》,1934年颁布了《证券交易法》等。为了规范投资基金的运作,1940年美国还成立了投资公司委员会(即现在的投资公司学会)并制定了《联邦投资公司法》。该法案详细地规定了证券投资基金的结构及管理要点,其中包括有关财务公开及董事和监事的任命,经理公司的选择以及销售和宣传方式等方面的规定,并通过定期对基金活动的检查来保护投资者利益,为投资者提供了比较完整、严格的法律保护。美国的证券投资基金也因此有了较大的变化,它们大多采用股份公司的组织形式,由原来的封闭型基金为主演变为以开放型基金为主,投资行为逐步开始规范化。此后,证券投资基金都被置于严格的管制和监督之下。

"二战"以后,美国经济出现了强劲的发展势头。美元帝国的地位开始形成并得以巩固。证券投资者的信心开始恢复,逐步由储蓄保值型转向增长型投资,投资公司尤其是开放型公司再度开始活跃。到20世纪70年代,由于连续的通货膨胀,投资者仍然倾向于高收益、高流动性而且安全的金融资产。美国的证券投资基金更是以爆发性的速度成长,其发展速度超过了70%的增长率。据统计,1940年美国仅有68家投资基金,总资产为4.48亿美元,到1987年投资基金增至2300多家,资产总额达7690亿美元,年均发展速度为25%。进入90年代,美国的证券投资基金拥有3000多万个投资者和300多万个机构投资者。目前,美国的基金资产总额已超过5万亿美元,已远远超过了银行的资产总额。证券投资基金在美国的金融业中已处于绝对优势的地位,对整个经济运行具有举足轻重的影响。

3. 证券投资基金在全球的兴盛

证券投资基金以其专业化管理、分散投资等优点,不仅得到了广大投资者的欢迎,而且也被许多国家和地区所采纳。"二战"以后,由于各国及地区政府都十分重视证券投资基金的法制规定,既从政策上给予支持,也从法律上加以保障,因而证券投资基金无论是在发达的西方国家,还是在新兴的工业化国家和地区都得到了迅速的发展,出现了证券投资基金大众化和国际化的潮流。

在欧洲,证券投资基金市场的规模约占世界基金总资产的35%。其中,法国为欧洲的基金大户,约占整个欧洲基金市场规模的1/3,其次是卢森堡、德国和英国。卢森堡由于在税收方面的政策优惠,世界各大著名跨国基金集团纷纷落户卢森堡,成为欧洲基金市场的后起之秀,目前它已是著名的国际基金管理中心之一。德国于1957年颁布了《投资公司法》,为投资基金的发展提供了坚实的法律保障。据统计,德国有将近70%的基金是债券与收入型基金,其基金单位主要通过银行进行公开销售。在法国超过50%的基金资产投资于货币市场,并且将超过28%的资产投资于固定收入的债券,与德国一样,基金单位也主要是通过银行进行销售。在意大利基金市场正变得越来越开放,基金的销售既通过银行,也通过独立的代理公司组成的销售网络进行销售。在英国基金业与美国相似,基金销售渠道比欧盟的其他国家要广泛得多,其中独立的金融中介承担了29%的基金总销售和50%的基金零售,其余的销售来自于公司代表。英国拥有股票基金的比例高于其他欧洲市场,将超过91%的单位信托基金的资产投资于股票。随着欧洲单一市场进程的加快和实施,欧洲的证券基金市场必将有一个更新的发展。

在北美,加拿大的证券投资基金发展令人瞩目。据加拿大投资基金研究所统计,1951年加拿大的投资基金只有2万多个投资者,资产总额也只有5700万美元。而到了1992年,加拿大的投资者已达到200万个,持有的基金价值达到700

多亿美元,证券投资基金的品种超过600余种。

在亚洲,日本的证券投资基金建立最早,发展速度也最快。印度、中国香港、中国台湾和泰国等紧随其后。日本在1948年颁布了《证券投资公司法》,1951年颁布了《证券信托法》,从而奠定了现行日本投资信托的法律基础,为证券投资基金的发展铺平了道路,创立了具有日本特色的投资信托基金。中国香港到20世纪60年代后期才开始有证券投资基金,但当时由于法规尚不健全,存在投机欺诈行为,令投资者望而却步。从80年代初开始,香港投资基金有了较大发展,到1992年底香港已有各种投资基金830多个,基金总市值达163.5亿美元。中国台湾于1983年10月成立了第一家证券投资信托基金——台湾基金。目前,已有6家基金管理公司被审核批准成立,此外,还有50多家外国基金。泰国的证券投资基金建立比较晚。1977年4月21日,泰国历史上第一个投资基金——永盛基金成立。该基金属于封闭型基金,发行的基金券面值20铢,总额1亿铢。10年后该基金券的资产净值上升为38.2亿铢。1985年,泰国第一个国家基金——曼谷基金成立,到1989年泰国已有18个投资基金,1990年底仅国家基金就有20多个,泰国成为亚洲国家中基金业发展最快的典型之一。

中国大陆的证券投资基金,自1997年底颁布的《证券投资基金暂行管理办法》及实施细则,标志着中国基金业的规范化管理的开始。2004年6月1日正式实施的《中华人民共和国证券投资基金法》标志着中国证券投资基金迈入了新的时代。至2006年底,已经开业并发行有基金的证券投资基金公司52家,共有170个股票型基金、68个混合型基金、27个债券型基金、5个保本基金、20个指数基金,全部开放式基金的资产规模达到8607亿元。截至2015年12月31日,我国境内共有基金管理公司100家,其中中外合资公司45家,内资公司55家,取得公募基金管理资格的证券公司9家,保险资管公司1家。以上机构管理的公募基金资产合计8.4万亿元。封闭式基金和开放式基金数量合计2722个,基金总份额76 674.13亿份,净值总额达到83 971.83亿元。

由此可见,证券投资基金经过一个多世纪的发展,已经从单纯的私人理财工具发展为大众化的证券投资新方式,成为国际资本流动的一条重要渠道。

四、证券投资基金的分类

证券投资基金因世界各国的历史、社会、经济、文化等环境不同,呈现出各种各样的形态。下面就介绍一些主要的证券投资基金类型。

(一)契约型基金和公司型基金

按其组织形式和法律地位进行分类,证券投资基金可划分为两种基本类型:契约型基金和公司型基金。

1. 契约型基金

契约型基金又称单位信托基金,是指把投资者、管理人、托管人三者作为当事人,通过签订基金契约的形式发行受益凭证而设立的一种基金。契约型基金按照最初的创设方式可以分为现金充当型和证券充当型;按照具体经营方式可以分为单位型和基金型(表2-6)。

表 2-6 契约型基金分类

类 型	概 念	特 点
现金充当型	用现金购买受益凭证,待全部发行完后,获得基金全部资本总额,基金管理公司再将基金资产交由基金保管公司保管,并进行证券投资	①先集资,后投资,易为人们所接受;②发行时间长,可能会导致发行失败,影响购买时机
证券充当型	最初发行时由基金管理公司预付基金的资本总额,用于购买各种有价证券,交由基金保管公司保管,再通过发行受益凭证筹集资金归还发起人	①随时购买到优质证券;②为发起人利用作价进行低价垫付和高价转卖提供机会
单位型	以投资者为受益人,通过广泛的投资信托活动持有证券财产,并进行经营处分获得利益收入。它有固定型、半固定型和融通型基金类型	①有一定的期限,其收益每年分配一次;②期限终止时,信托契约即解除,退回本金和收益;③期限未满时不准追加投资,也不准要求退回本金
基金型	基金的规模和期限都不是固定的,不像单位型投资基金那样区分为一个个的单位,而是综合为一个基金	①投资者在交易日随时以买价把受益凭证卖给基金管理公司,解除契约,收回资金;②按卖价从基金管理公司买入受益凭证的投资,订立信托契约

2. 公司型基金

公司型基金依照公司法成立,通过发行基金股份集中起来的资金,然后用于投资各种有价证券。公司型基金本身就是一个公司,它是依照公司法的规定组建的,以营利为目的,主要投资于有价证券的投资机构。

公司型基金的组织结构主要有:基金股东、基金公司、投资顾问或基金管理人、基金保管人、基金转换代理人、基金主承销商。基金股东指基金股票的持有者。基金公司就是按照股份公司组织形式建立的基金机构,基金公司可分为封闭型基金公司和开放型基金公司两种。封闭型基金公司是指公司发行的股份数量是固定的,以后不再追加资本,因此也称为固定股份基金公司。开放型基金公司是指公司只发行一种普通股票,发行数量不固定,发行之后可以根据投资者需求随时增发基金股份,因此也称为不固定股份基金公司或追加型基金公司。

实际管理和经营基金资产的是一种独立的基金管理公司,即证券投资基金的投资顾问。投资顾问所负职责和所得报酬由基金公司和基金管理公司订立的顾问协议规定下来。投资顾问的主要职责是:有价证券的研究分析,制定投资组合和从事日常的基金管理。基金保管人一般是银行,它的主要职责是保管基金资产及股息核算等,保管人也要同投资公司签订保管契约并收取保管费。转换代理人通常也由银行或其他金融机构承担,由其负责基金股票的转移以及股利分配等。基金承销商负责股票发售的具体工作。基金承销商是管理公司的代理机构,负责按净资产价值购买基金的股份并按净值加佣金卖给证券交易商或其他人,再由他们负责卖给投资者。

3. 契约型基金和公司型基金的对比

契约型基金和公司型基金的异同点见表2-7所示。

表2-7 契约型基金和公司型基金异同点比较

异同点	契约型基金	公司型基金
法律依据不同	依国家有关信托法组建,不具有法人资格	依国家有关公司法成立,具有法人资格
章程契约不同	凭信托契约经营信托财产	凭公司章程、委托管理契约、委托保管契约经营信托财产
发行凭证不同	受益凭证,仅为信托关系	普通股票,既是所有权关系又是信托关系
投资者地位不同	信托契约的当事人	基金公司股东
融资渠道不同	一般不通过银行借款	可以银行借款
相同点	都有四个方面的当事人:基金受益人或基金投资人(公司型基金的投资人包括基金公司的投资人和基金公司两个层次)、基金管理人即基金管理公司(有的基金公司本身即是管理公司)、基金保管人即基金保管公司(一般是指定银行)、基金代理人即承销公司(可能是证券公司、投资银行或银行)	

(二)封闭型基金与开放型基金

根据受益凭证(指基金投资者持有基金资产的一种凭证)是否可赎回,可将证券投资基金划分为封闭型基金和开放型基金。

1. 封闭型基金

封闭型投资基金指基金在设立时规定一个基金发行的固定数额,并在规定的时间内不再追加发行,投资者也不能赎回现金。由于封闭型基金的股票及受益凭证不能被追加、认购或赎回,投资者只能通过证券经纪商在证券交易所进行基金的买卖,因此有人又称封闭型投资基金为公开交易共同基金。

封闭型投资基金在取得收益后,以股利、利息和可实现的资本利得(或损失净值)等形式支付给投资者,其中可实现的资本利得是从出售高于实价时的有价证券中取得的。

封闭型基金的单位价格虽然以基金净资产价值为基础,但更多地随证券市场供求关系的变化而变化,或高于基金净资产价值(溢价)或低于净资产价值(折价),不能反映基金净资产价值的5%~20%。在低于市价购买基金时,可以获取平均收益,特别是购买后折价趋于减少时。但是,若折价进一步扩大,则可能减少收益。

一般来说,投资者愿意选择不对具有潜在资本利得进行征税的投资基金。如果一个投资基金具有潜在资本利得,但投资者在获取资本利得的同时却由于税赋存在而不能使基金资产有所增加,那么投资者也就不愿意对该基金进行投资。为吸引投资者投资,一些基金往往采取折价发行。

再有,投资者虽然愿意选择那些在过去年份中具有较高收益的投资基金,以期在未来时期中这些投资基金继续给他们带来高收益,但是由于基金赎回时的单位价格并不是按其净资产价值进行的,而是按包括证券商所收取的佣金在内的市价进行交易的,这样折价买卖也就有存在的可能。

20世纪70年代以后,封闭型的证券基金又成为西方证券投资中的一个重要中介机构,并且得到了较大的发展,逐渐产生两种新的形式:一种是股票保证金基金,即专门购买那些尚未登记而受到限制的证券,以及直接的私人投资证券。对于这种证券,可按相同证券规定股份的市场价格进行折价购买。另一种是双重目的的基金,它主要是发行优先股和普通股两种股票,优先股占该种基金的大部分,这样可以得到总基金的一切收入,并且偿还能够得到保证;普通股可以根据总基金的资本升值而得到一定的收入。这两种基金的股份既可以挂牌销售,也可以在场外进行交易,还可以溢价或折价销售。

2. 开放型基金

开放型基金是指基金的资本总额及持股总数不是固定不变的,而是可以随时根据市场供求状况发行新份额或被投资人赎回的投资基金。由于这种投资基金的资本总额可以随时追加,因而又称为追加型投资基金。

基金的持有总额可以随时因市场供求变动而变化,这样若新份额被购买,则基金就有更多资产供投资用;若基金的持有份额被赎回,则基金的投资总额就要相应被减少,从而引起基金投资组合中的资产变动。若基金被赎回的份额过大,超过基金正常的现金储备,基金管理机构须出售手中的有价证券以换取现金。

开放型基金的买卖价格是由基金的净资产价值加一定手续费确定的。由于基金的资本总额随时根据市场供求关系变化而变化,基金的买卖价格必然反映基金的净资产价值,因此若估算某投资者在基金中所持有的资产价值,可以用每股净资产价值与其持有的份额相乘而得。

投资者在基金管理机构将所得股利(包括利息)和资本利得按比例用于再投资,而不是将所得分配给投资者的情况下,不必购买另外的份额也可以增加其在基金中的资产份额。基金所投资的有价证券价格上升也可以增加投资者所持份额的价值。

开放型基金的发行方式主要有以下两种:通过经销商、由基金机构自身承担。这两种销售方式有的要收取一定的销售佣金或手续费。

开放型基金可以划分为两种基本类型:收费基金、不收费基金。不收费基金直接按净资产价值出售给投资者;收费基金则要雇佣证券商或其他经销商出售给投资者,因此在基金发行时其发行价格是由净资产价值加 $7.5\%\sim8\%$ 的销售费用构成。由于收费基金多收了一笔销售费用,相应地减少了投资者实际投资于基金的资本,增加了按实际投资的资本额一定比例承担的费用(如 8% 的费用实际上是 8.8%)。不收费基金虽然不收取销售费用,但要收取小额赎回费用(如 1%)。这种收费不利于基金的短期交易,而利于投资者长期持有基金资产。相比而言,由于无手续费的基金投资成本低廉,而且与其他开放型的证券投资基金一样成绩卓著,因此该类基金的增长幅度较大,也较吸引投资者。至于投资者投资于哪类基金,主要取决于具有相同投资目标下,收费基金的投资绩效是否高于不收费基金,以及在基金的承销商处获取的服务等。

3. 封闭型基金和开放型基金的对比

封闭型基金和开放型基金除了上述含义上的区别外,还具有它们各自的特点(表 2-8)。

在金融业比较发达的国家和地区,开放型投资基金的数量远远超过封闭型基金,主要原因是开放型基金的灵活性大,容易满足市场的需求。但近年来,封闭型投资基金又有复苏迹象,特别是证券基金事业刚起步的发展中国家,由于各项金融制度并不很完善,同时为了防止外来资本的突然涌入或大量流出而对正在发展中

表 2-8 封闭型基金与开放型基金的不同点

项　　目	封闭型基金	开放型基金
期　　限	有固定的封闭期	没有固定期限,投资者可随时向基金管理人赎回
发行规模	列明其基金规模,在封闭期限内未经法定程序认可不能再增加发行	没有发行规模限制,投资者可随时认购或赎回
单位交易方式	在封闭期限内不能赎回	在完成首发后,随时向基金管理人或中介机构购买或赎回
交易价格计算	受市场供求关系的影响	取决于基金每单位净资产值
投资策略	基金单位数不变,资本不会减少,可进行长期投资	应对随时赎回,资产不能全部用来投资
资产净值公布	每周或更长时间公布一次	每个交易日连续公布
交易费用	基金价格之外要支付手续费	支付申购费和赎回费

的资本市场造成破坏,故一般先采取封闭型。事实上,这两种类型的共同基金并不是互不相容的,它们是可以互相转化的。如果封闭型基金的受益凭证上市已满 3 年,且市价低于净资产价值的 29% 时,经投资者大会讨论通过,可转为开放型基金,投资者可要求基金管理公司按净资产价值买回手中的持有份额,这样投资者可以赚到市价与净值的差额。反之,开放型基金的规模过大时,基金管理公司可暂停新的受益凭证发放,这时开放型基金就类似于封闭型基金。

(三)成长型基金与收入型基金及其组合类型

根据投资风险与收益的目标不同,可将证券投资基金划分为积极成长型投资基金、成长型投资基金、成长及收入型投资基金、平衡型投资基金和收入型投资基金。

1. 成长型投资基金

成长型投资基金又称为长期成长型基金。这类基金的投资目标在于追求资本的长期成长,故其投资对象多为股价长期稳定增值的绩优股,即基金把资产投资于信誉好、长期有盈利的公司,或者有长期成长前景的公司。

通常,这类基金选择的公司,其公司盈利水平成长要比整个股市中上市公司的平均盈利水平成长快得多。成长型基金虽然追求增值,但不像积极成长型基金有时会追求资本在短期内最大的增值,而且追求稳定、持续的长期成长。为了做到更好地分散投资风险,有的成长型基金会把部分资产投资于优先股、债券或短期票券;有的基金为了追求成长,投资策略已与成长型基金相差不多。因此,同样是成长型基金,各基金的风险大小却很不一样,有的基金很难说是成长型基金或积极成长型基金。

成长型基金以追求长期资本利得为主,股利分配占投资收益的一小部分,通常比收入型基金的收入少,投资者期望的是基金股份价位能节节爬升。因此,成长型基金的风险比收入型基金大,价格的起伏也较大,如果投资者的投资目标是长期成长,就必须沉得住气。虽然所有的成长型基金都追求资本利得长期成长,但是为了达到这个目标的投资策略却有差异。因此,投资者选择基金时,应仔细阅读其公开说明书,以确定某些(或某个)成长型基金的投资目标是否与自己的投资目标相吻合。

2. 收入型投资基金

收入型投资基金是以能为投资者带来高水平的当期收入为投资目标的一种投资基金。其投资对象主要是能带来稳定收入的各种有价证券。这样做的结果,一方面使该基金保证了投资者投资目标的实现,降低资产遭受损失的风险,另一方面也使基金丧失了投资于风险较大但具有成长潜力的有价证券的机会,削弱了基金的发展能力。当然,这类基金也不排除获得资本利得的可能。

对于重视当前收入的投资者来说,为确保基金的稳妥收益,不妨将资本分散投资于收入型投资基金与货币市场基金。这样做的好处是当市场利率降低时,银行储蓄利率也要降低,投资于收入型投资基金可以带来比储蓄高得多的收入。这时投资者应将资本的大部分投资于收入型投资基金,小部分投资于货币市场基金。相反当利率上升、通货膨胀也高时,投资者应将大部分资本投资于货币市场基金,少量投资于收入型投资基金,这样才能既保本又有较高的利息收入。

收入型投资基金一般较适合于保守型投资者或退休人员。这是因为这类投资者往往对风险的承受能力低或无力承受,争取投资快,见效快,并且还希望保住本金。收入型投资基金可以划分为固定收入型投资基金和股票收入型投资基金。

(1)固定收入型投资基金。这类基金主要以股息分配较优厚的股票、可转换公司债券利息等稳定收入作为主要收益来源。但是,即使基金选择了以上投资对象为主进行投资组合,仍不能完全消除投资风险,即当基金资产因利率、汇率变化而发生损失时,基金的收益也会受到影响。这时基金管理公司为避免上述损失,有时也进行金融期货或选择期权交易。

(2)股票收入型投资基金。这类基金的投资对象多是股利分配较优厚的普通股票,有时也包括一些公司债券和政府公债在内。该基金通过优厚的股票收入或债券收入以保证基金收益的高水平。投资于该类基金的投资者在追求收益稳定的同时,还注重是否可以赚取资本利得,因此该类基金在进行投资决策时多以上述投资对象为主,以寻求资本成长潜力。与此同时,该类基金也面临较大的投资风险,特别是在股市波动剧烈时,易使本金遭受损失。相比较而言,固定收入型投资基金更注重当前收益,风险小,但不利于资本成长,而股票收入型投资基金多注重长远收益,但风险大。

收入型投资基金与成长型投资基金是依据投资目标划分的两种基金类型的投资基金,在这里不妨将两者进行比较,以明确两者的基本特点(表2-9)。

表2-9 收入型投资基金与成长型投资基金对比

项 目	收入型投资基金	成长型投资基金
投资目标	强调基金单位价格的上升增加收益	注重资本增长,为投资者带来经常性收益
投资市场	投资于资本成长有限的市场,如有息证券、优先股、可兑换债券、公司及政府债券或存款证	投资于风险较大的股票市场,如成长潜力的小型公司股票的二级市场及未上市股票等
投资策略	资产要求现金持有量占较大比重,资本多向投资对象或投资区域多元化发展,形成不同种类的投资组合来分散投资风险	现金持有量少,投入到资本市场上,特别是在股价趋升时,甚至向银行借款进行投资,以扩大投资额
收益使用	按时将股息分配给投资者,形成投资者的固定收益	保障基金价格不断上升,以取得未来的经营性收入,不直接派息给投资者,而将股息进行再投资到市场上
风险状况	风险尽可能小,确保资产获取当前收入,而基金的资产运作多趋向稳定	为了长期的资本收入可承担较大的投资风险,而基金资产运作处于不稳定状态,在资本市场价格波动剧烈时会使资产遭受损失

在金融市场发达的国家,根据基金的发展状况看,成长型投资基金在整个金融市场中居主导地位,而且该类基金发展也较快。例如,1981年—1986年美国成长型投资基金数增加了115个,达到260个,而收入型投资基金只增加了57个,达到114个。1976年—1986年的10年间,成长型投资基金的投资收益增长了3712%,而收入型投资基金的投资收益增长了256.81%。在发展中国家由于经济发展水

平较低,金融市场刚刚起步,金融环境尚不成熟,故投资基金在起步阶段多以收入型为主。这不仅符合发展中国家的经济发展状况,也符合投资者的心理状态和投资基金自身的特点。但是,随着发展中国家的经济发展水平的提高,金融市场的逐步发展,筹资及投资能力的提高,投资基金必将从收入型向成长型转化。

3. 积极成长型投资基金

积极成长型投资基金也叫高成长投资基金,或资本增值投资基金,或最大成长投资基金,或高投资基金。这类基金是基金中投资风险很大的一类,通常把追求最大资本利得作为其投资目标,当期收入不在其考虑的范围内。积极成长型基金一般投资于有高成长潜力的股票或其他证券。有的也投资于冷门行业、新行业以及运营状况暂时困难的公司的股票。为了获取最大的资本利得,往往应用特定的投资技巧,如选择权交易或从事股票短期买卖,以从这些股票升值及股票买卖差价中赚取利润。同时,积极成长型基金取得收益后,通常很少分配股利甚至根本就不分配股利,而是将所得收益用于再投资,以不断地追求积极的资本成长。

积极成长型基金的最大特点是投机性强。基金管理人为使基金获得迅速成长,在进行投资决策时,受到限制较少,有时进行股票的买空卖空活动,以期股票升高时卖出,降低时买入。由于受股票投机活动的影响,其运作结果可能会出现大起大落的情况。在多头市场出现时,这类基金会比其他类型的基金表现得更好。在空头市场出现时,这类基金的净资产价值因其投资的股票价格下跌而损失更加惨重。总之,该类基金追求高风险下的高收益,常利用投机办法实现其目标。

4. 成长及收入型投资基金

成长及收入型投资基金,或收入及成长型投资基金,系指以既能提高当期收入又能实现资本长期成长的一种基金。该基金主要投资于股票价值有上升趋势且公司能长期稳定支付股利的普通股票。与成长型投资基金相比,虽然这两类基金的投资对象都是股票,但由于它们的投资目标不同,故所选择的股票类型不一样。成长型投资基金为实现资本的长期成长,主要投资于有成长潜力但股利分配较少的股票上,而成长及收入型投资基金除为了追求资本成长,需要投资于一些具有成长潜力的股票外,为了顾及基金的当期收益,所投资的股票还必须能分配到股利,这与成长型投资基金有较大区别。

在股市出现波动时,成长及收入型投资基金在多头股市上不如成长型投资基金收益增长快,但出现空头市场时,成长及收入型投资基金则比成长型投资基金不易受市场行情影响,故而不仅基金的收益比较稳定,且基金净资产价值也不会遭受更大损失,有利于本金的稳定。成长及收入型基金较保守,它最适合资金不多的小投资者。

成长及收入型基金的投资策略虽然较保守,获利却不一定低,以美国1974年—1984年的11年为例,成长及收入型基金的年平均报酬率是12.5%,比较而言,成长型基金只有11%,积极成长型基金为14.4%。

5.平衡型投资基金

平衡型投资基金是指具有多重投资目标的投资基金。这类基金的投资目标主要有三个:确保投资者的投资本金、支付当期收入、资本与收入的长期成长。为此,基金一般投资于债券、优先股、普通股等各种证券上。该类基金的优点是满足投资者的双重投资目标,既追求当期收入又注重资本成长,这就大大降低了损失本金的风险。但该类基金的资本成长潜力却不如成长型投资基金等。

(四)按投资对象划分的证券投资基金

1.股票基金

该类基金的投资目标是以追求资本成长为主,其投资对象主要为股票,包括优先股票和普通股票。优先股基金是一种可获取稳定收益且风险较小的股票基金,其投资对象以各公司发行的优先股为主,基金收益主要来自优先股的股利分红。普通股基金以追求资本利得和长期资本增值为投资目的,基金的大部分资本将投资于普通股票,只有少部分投资于短期政府债券、商业票据,以方便资本周转或适应投资机会变化。

这类基金的优点是资本成长潜力较大,投资者不仅可以获得资本利得,而且还可以通过该基金使得较少的资本能够分散投资于各类普通股票,这类基金风险相对较大。但比投资者个人直接投资于普通股票的风险要小得多。按基金投资分散化程度可将普通股基金划分为一般普通股基金和专门化基金。前者指必须把资产的75%以上分散于各类普通股票,这种基金风险相对较小,后者指把资产专门投资于某个部门和行业。

2.债券基金

债券基金是指基金将其全部或大部分资产投资于利率稳定的债券。它是基金市场上规模仅次于股票的基金品种。由于债券的获利稳定,风险较小,故基金可以获得稳定的投资收益,而且面临的风险小。债券基金基本上属于收益型投资基金。一般情况下,基金定期派息,投资该基金每年都能收到1~4次派息,因而适合长线投资。但其回报率通常比股票基金低,较适合于欲获取稳定收入的投资者。

3.配股期权基金

配股期权基金是指以能分配股利的股票期权作为投资对象的基金。配股期权基金以购买股利分配情况佳的普通股为主,并利用所持有的股票作选择权交易。

其投资目的是为了获取最大的当期收入。当期收入主要来自股利分配、出售期权的收入、买卖组合证券的期权中净短期利得及从结束购买交易中所得利润。配股期权基金风险较小,适合于谋求稳定收入的投资者。

4. 指数基金

指数基金包含了一群模仿大证券市场指数的股票或债券。该基金所持有的股票或债券甚少交易,其管理是被动的,它随着市场的变动而改变其投资组合。指数基金是自20世纪70年代以来发展起来的一种新的基金种类。为使投资者能获得与市场平均收益相接近的投资回报,出现了这种功能上近似或等于所编制的某种证券市场的价格指数的基金。该类基金的收益随当期的某种价格指数上下波动,当某价格指数上升时,基金收益也增加;反之,基金收益则减少。基金因始终保持当期的市场平均收益水平,故而收益不会过高,也不会过低。同时基金风险因基金本身功能而被分散掉,故这类基金适合稳健型投资者。

5. 认股权证基金

认股权证基金是指以认股权证为投资对象的基金。该类基金通过认股权证买卖,以获取资本成长。认股权证是一种金融票据,持有人有权在指定的期间按预定的价格购买发行公司一定数量的股份。

由于认股权证具有较强的资本增值能力,很多投资者乐意购买,只是因其风险过大,投资者不敢贸然涉入。为满足这部分投资者的需要,一些基金管理公司就创设了认股权证基金。认股权证基金较之个人购买认股权证的优点是,基金通过购买多种认股权证,可将风险降到最低点。因为其中几种认股权证价格下跌,还有其他认股权证升值为补充,这比个人只能购买几种认股权证、风险过度集中要好得多。由于认股权证本身是一种高风险投资,特别是在出现熊市时,即使认股权证基金也难以避开风险,因此有些国家和地区不愿意推广认股权证基金,即使批准该基金上市,其基金说明书中也必须注明其"高风险",以引起投资者注意。

五、证券投资基金的运作方法和技巧

基金管理者所做的投资是以收益回报高、安全性好和流动性好为主要目标。而风险与收益关系甚为密切,基金管理者希望尽量以最低的风险获取最高的回报,而安全性与流动性又是相辅相成的。管理者只有合理地使用投资工具,使其在最佳的组合下,达到最佳的投资回报。基金管理者如何运用基金投资工具,实现基金的投资目标,这是一个非常复杂的问题。

下面将基金的一些基本投资方法和技巧作简略介绍。

（一）投资国债

国债市场是指以国债为交易对象而形成的供求关系的总和，它包括发行市场和流通市场。

1. 投资国债的发行市场

国债的发行方式按其发行对象划分，可分为私募发行和公募发行。私募发行是指向少数特定的投资者发行，这种发行方式不必向证券管理机关办理注册手续，一般不允许转让，发行对象主要是保险基金、信托基金、银行等大宗机构投资者。而公募发行是面向不特定的、广泛的投资者发行，这种发行方式必须向证券管理机关办理注册手续。

政府一般采用招标方式，通常使用的招标方式有"美国式"招标和"荷兰式"招标。

"美国式"招标是指招标时按各投标机构的投标价格（收益率）从高到低（或从低到高）依次募入，直到募满规定的数额为止，中标价以各中标机构各自的投标价格（收益率）为准。在这种方式下债券的发行条件是多样的。

"荷兰式"招标是指招标时按各投标机构的投标价格（收益率）从高到低（或从低到高）依次募入，直到募满规定的数额为止，中标价统一以中标机构中最低的价格（最高的收益率）为准。在这种方式下债券的发行条件是统一的。

基金在参与国债的一级市场中，可以获取以下几方面的收益。

（1）承销国债的认购手续费，这是由国家财政部根据承销的数额、国债的品种和期限向承销团成员支付的手续费。对基金来说，这是一项稳定的收入来源。

（2）承销国债期间所发生的利息。政府一般允许承销商承销其所认购的国债有一定发行期限，承销商在发行期初期出售了它所认购的国债后，资金存款在承销商的账户上，直到发行期限结束，才划款至国家财政部账户。这期间产生的利息为承销商所得。

（3）承销"一手国债券"所得的差价。一般来说"一手国债券"比该国债上市流通后的"二手国债券"有更高的收益率。

2. 投资国债的流通市场

国债流通市场也称为国债二级市场，是买、卖国债券的市场，包括按一定程序进行交易的证券交易所市场和设在证券中介机构的场外柜台交易市场。二级市场上的交易方式有现货交易、期货交易、期权交易和回购交易等方式。目前中国只有现货交易和回购交易两种方式。国债二级市场的职能是为已发行国债提供出售转让的机会从而获取流动性，使国债持有者在急需资金时能卖出债券变现，另外让一些不确定的闲置资金也能投资于国债，取得较好的回报。而交易所提供债券的流动性,并将其交易形成的公正的市场价格对外公布。投资者可以根据交易所公布的价格与收益率正确掌握国债流通市场的动向,同时柜台交易市场也将其作为柜台交易价格的基准或指标。

(1)国债的收益率。吸引投资者投资国债的主要指标是国债的收益率。国债的收益率是指国债投资每年所获得的收益占投资总额的比例。国债投资所获得的收益包括三个方面:国债的利息收入、债券买卖的盈亏和债券利息再投资的收益。国债收益率的表现形式主要有直接收益率、持有期间收益率和最终收益率三种。

直接收益率即只考虑投资债券每年所得的利息,是该利息对投资本息的百分比。其计算方法如下:

$$直接收益率 = \frac{年利息收入}{购买价格} \times 100\%$$

最终收益率即买进债券并持有至偿还日的年均收益率,其计算方法如下:

$$最终收益率 = \frac{还本付息额 - 购买价格}{剩余年限 \times 购买价格} \times 100\%$$

持有期间收益即债券持有人将债券中途卖出所获得收益对投资成本的比率,其计算方法如下:

$$持有期间收益率 = \frac{卖出价格 - 认购价格}{持有年限 \times 认购价格} \times 100\%$$

(2)国债买卖的类型。买卖国债的战略类型一般有三种:①单纯买进型,将国债作为资金运用的对象买进;②单纯卖出型,将保有的国债券卖出变为现金;③替换买卖型,卖出现有的国债,买进另外一种国债。

(3)国债交易的操作具体有以下几种方法。

追求提高直接收益率:直接收益率高的国债可使年度经常收入增加,如将其利息收入再投资则更为有利。

追求提高最终收益率:使保有国债直至期满至偿还日为目标,确保更高的收益。

追求提高实效收益率:在偿还本金、息票收入基础上再考虑利息的再投资收益。

追求高流动性:为了应对市场变化,兑换现金需求等做出灵敏的反应。

整理零散国债:降低管理成本。

追求偿还期限均衡:根据资金计划和未来的金融形式,将保有国债偿还期期限作均衡调整。

将国债期限长期化(短期化):在预测未来利率动向的基础上作长期资金运用。如在利率出现下降倾向时,将短期国债替换为长期国债,反之预测利率将要上升时,应该卖出长期国债,买进短期国债,利用不同的品种级差,提高效率。

(4)国债的回购交易。当投资者需要短期资金时,希望将保有的国债券变现。投资者除了在国债流通市场上出售保有国债卖出套现方法外,还可在国债流通市场上作国债回购交易,实际上这是一种在国债流通市场的抵押贷款,也称为国债的现先交易。它是指在国债回购交易市场上,卖出国债券,并附加条件,在一定期限里以预定的价格或收益,由最初出售者买回国债券。目前中国国债回购市场上做回购交易的期限有 3 天(R003)、7 天(R007)、14 天(R014)、28 天(R028)、63 天(R063)、91 天(R091)、182 天(R182)和 273 天(R273),国债回购的利率是随行就市波动的。

(5)国债收入的税收。根据国务院颁布的有关国债条例规定和国家税务总局颁布的有关规定:对单位和个人购买的国债券的利息收入免征单位和个人利息收入所得税;对单位所获得的国债券利息收入免征能源交通重点建设基金;对各银行办理国库券发行、兑付业务征取的手续费不征营业税。

(二)投资股票

1. 发行市场

目前中国上市公司的股票发行一般都采用溢价发行,股票的市场价格比股票的发行价格高,投资者以股票发行价格申购发行上市的股票,在股票上市后将其出售,可获得利润。

中国证监会发布的《关于股票发行与认购方式的暂行规定》中认可的发行方式有三种,即上网定价方式、全额预缴款方式和与储蓄存款挂钩方式。

(1)上网定价发行方式:是指主承销商利用证券交易所的交易系统,由主承销商作为股票的唯一卖方,投资者在规定的时间内,按规定价格委托买入股票的方式进行认购。超额认购按比例抽签。

(2)全额预缴款发行方式:可分为两种,①全额预缴款,比例配售,余款即退;②全额预缴款,比例配售,余款转存。

(3)与储蓄存款挂钩发行方式:是指在规定期限内无限量发售专项定期定额存单,根据存单发售数量,批准发行股票数量及每张中签存单可认购股份数量的多少确定中签率,通过公开摇号抽签方式决定中签者,中签者按规定要求办理缴款手续的新股发行方式。这种方式按具体做法不同又可分为专项存单方式和全额存单方式两种。

证券投资基金由于有强大的资金实力,可以在股票的发行市场申购新发行上市的股票,从而可获得较好的回报。

2. 投资上市公司的股票

基金在进行股票投资的过程中,总是力图减少投资风险和提高投资收益。这就需要在科学的分析方法和娴熟的投资技巧的基础上,采用投资组合的方式来实现。

投资组合就是指基金为了减少投资风险,根据特定的投资目标,对拟投资的股票、债券等有价证券及留存现金进行不同比例的配置。一般来说,某种证券投资基金在创立时就基本上确定了其大致的投资组合,以适应于该基金的投资目标,投资目标的区别就形成了不同种类的证券投资基金,这也是基金投资人选择基金、建立基金组合的基础。因此,可以说投资上市公司的股票实质上就是进行股票投资组合。对于已形成的投资组合,若以后的经济环境及市场条件发生变化,且这些变化不适合于当初构成股票组合的过程,则基金应及时调整组合中各股票的比率,从而维持最优的股票投资组合。

3. 证券投资基金的风险识别

自1997年11月《中国证券投资基金管理暂行办法》出台后,中国的投资基金也步入了一个新的历史发展时期,基金成为一种新的投资品种。证券投资基金的风险不仅广泛存在于基金的投资运作中,也存在于基金市场价格的波动中,投资基金的风险来自多方面。

(1)市场风险。根据现代投资组合理论,基金的分散投资即使能降低非系统性风险,也仍然对系统风险无能为力。系统风险的来源非常广泛。比如政策风险,当央行实行紧缩的货币政策时,社会资金、现金流通量的减少将引起股市萎缩,股价下挫,基金减值。同时,当政府采取紧缩财政支出的政策,或者调高对企业、基金的税收,或者对基金投资的行业、地区政策进行调整时,基金投资都有可能遭受损失。

经济运行的周期性波动是系统性风险的一个重要来源。如20世纪90年代初投资于东南亚新兴市场的基金可能获利不菲,但在爆发了东南亚经济危机的1997年至1998年底,许多基金的投资都遇到了前所未有的挑战。有关研究表明,基金净值变化与经济周期变化之间有密切的关联,基金价格变动要比经济周期变动早6个月左右。

利率风险也是基金在投资运作中必须面对的一个系统风险。1994年2月3日,美国联邦储备委员会两次提高短期利率,美国股票与债券市场价格迅速出现下滑,股指也不断下挫,使得当年度的基金运作受到普遍影响。

经济开放因素对证券投资基金的投资收益也有影响。如汇率的波动,从微观上讲,会对进出口贸易类上市公司的经营产生较大影响,从宏观上讲,对进出口及吸引外资等产生影响;而对外贸易的顺差对国民经济的稳定增长与否会产生重大影响,进而对证券市场产生影响。

(2)基金管理人的理财水平。不同的基金管理人由于操作风格、理念和水平的不一,导致基金的业绩大相径庭。因此,选择一个好基金本质上是选择一个好的基金管理人。在中国,证券投资基金是一项全新的事物,基金的管理公司内部机制目前还在进一步摸索、完善中,基金的实践经验需要在摸索中不断地总结提高。

(3)投资基金的风险还来自基金管理人的道德水准和法规遵守情况。投资基金把投资者的资金集中起来,投资者付给了基金管理人基金管理费。但如果制度不健全或管理人欠缺职业道德,操纵市场,则投资者利益就会受到侵犯。

(4)投资基金的投资者受益与风险自担,不像储蓄存款、债券那样有保底的受益保障。它既有可能由于基金管理人的卓越理财水平而使投资者每年得到可观的分红,也有可能由于基金管理人的失误而导致投资者颗粒无收。投资者对基金管理人的收益率的预期会影响对基金的需求,但是基金管理人的表现不可能长期维持在稳定的水平。

(5)基金二级市场价位与其单位资产净值的落差风险。这当然是对封闭型基金而言。

(6)基金信息披露中虚假信息类的风险,尤其是来自基金资产估值的风险。

(7)上市公司的经营风险。这主要是指基金所投资的上市公司的管理能力、财务状况、行业竞争、人员素质等影响了企业的盈利能力和经营状况,从而导致市场价格的波动,由此给基金带来的风险。

(8)监管风险。

总之,证券投资基金是一项没有政府提供任何担保,仅仅依靠投资者信心和信任来担保的一种方式。任何投资都伴随着风险,证券投资基金作为一种追求投资收益的理财工具当然也不例外。

第四节　金融衍生工具

一、金融衍生工具

1. 概念

金融衍生工具是指一种根据事先约定的事项进行支付的双边合约,其合约价格取决于或派生于原生金融工具的价格及其变化。金融衍生工具是相对于原生金融工具而言的。这些相关的或原生的金融工具一般指股票、债券、存单、货币等。

2. 种类

国际上金融衍生产品的种类繁多。活跃的金融创新活动接连不断地推出新的衍生产品。金融衍生产品主要有以下几种分类。

(1)根据按交易形式,即合约类型可以分为:远期、期货、期权和掉期四类。

远期合约和期货合约都是交易双方约定在未来某一特定时间、以某一特定价格、买卖某一特定数量和质量资产的交易形式。

期货合约是期货交易所制定的标准化合约,对合约到期日及其买卖的资产的种类、数量、质量做出了统一规定。

远期合约是根据买卖双方的特殊需求由买卖双方自行签订的合约,因此期货交易流动性较高,远期交易流动性较低。

期权交易是买卖权利的交易。期权合约规定了在某一特定时间、以某一特定价格、买卖某一特定种类、数量和质量原生资产的权利。期权合同有在交易所上市的标准化合同,也有在柜台交易的非标准化合同。

掉期合约是一种由交易双方签订的在未来某一时期相互交换某种资产的合约。更为准确地说,掉期合约是当事人之间签订的在未来某一期间内相互交换他们认为具有相等经济价值的现金流(Cash Flow)的合约。较为常见的是利率掉期合约和货币掉期合约。掉期合约中规定的交换货币若是同种货币,则为利率掉期;若是异种货币,则为货币掉期。

(2)根据原生资产可以分为:股票、利率、货币和商品四类。

如果再加以细分,股票类中又包括具体的股票和由股票组合形成的股票指数;利率类中又可分为以短期存款利率为代表的短期利率和以长期债券利率为代表的长期利率;货币类中包括各种不同币种之间的比值;商品类中包括各类大宗实物商品。分类情况具体见表 2-10。

表 2-10 根据原生资产对金融衍生产品的分类

原生资产		金融衍生产品
利率	短期存款	利率期货、利率远期、利率期权、利率掉期合约等
	长期债券	债券期货、债券期权合约等
股票	股票	股票期货、股票期权合约等
	股票指数	股票指数期货、股票指数期权合约等
货币	各类现汇	货币远期、货币期货、货币期权、货币掉期合约等
商品		各类实物商品的商品远期、商品期货、商品期权、商品掉期合约等

(3)根据交易方法可分为场内交易和场外交易两类。

场内交易又称交易所交易,指所有的供求方集中在交易所进行竞价交易的交易方式。这种交易方式具有交易所向交易参与者收取保证金,同时负责进行清算和承担履约担保责任的特点。在场内交易的金融衍生工具主要有期货和期权。

场外交易又称柜台交易,指交易双方直接成为交易对手的交易方式。这种交易方式有许多形态,可以根据每个使用者的不同需求设计出不同内容的产品。同时,为了满足客户的具体要求和出售衍生产品的金融机构,需要有高超的金融技术和风险管理能力。场外交易不断产生金融创新。但是,由于每个交易的清算都是由交易双方相互负责进行的,交易参与者仅限于信用程度高的客户。掉期交易和远期交易是具有代表性的柜台交易的衍生产品。

据统计,在金融衍生产品的持仓量中,按交易形态分类分析发现,远期交易的持仓量最大,占整体持仓量的42%,以下依次是掉期(27%)、期货(18%)和期权(13%)。按交易对象分类进行分析可以看出,以利率掉期、利率远期交易等为代表的有关利率的金融衍生产品交易占市场份额最大为62%,以下依次是货币衍生产品(37%)和股票、商品衍生产品(1%)。1989年—1995年的6年间,金融衍生产品市场规模扩大了57倍,各种交易形态和各种交易对象之间的差距并不大,整体上呈高速扩大的趋势。

二、期货

1. 期货的概念

期货(Futures)与现货相对。期货是现在进行买卖,但是在将来进行交收或交割的标的物,这个标的物可以是某种商品(如黄金、原油、农产品),也可以是金融工具,还可以是金融指标。交收期货的日子可以是一星期之后,一个月之后,三个月之后,甚至一年之后。买卖期货的合同或者协议叫做期货合约。买卖期货的场所叫做期货市场。投资者可以对期货进行投资或投机。对期货的不恰当投机行为,例如无货沽空,可以导致金融市场的动荡。

2. 期货的特征

期货交易是一种集中交易标准化远期合约的交易形式。即交易双方在期货交易所通过买卖期货合约,并根据合约规定的条款约定在未来某一特定时间和地点,以某一特定价格买卖某一特定数量和质量的商品的交易行为。期货交易的最终目的并不是商品所有权的转移,而是通过买卖期货合约,回避现货价格风险。

从发展历史过程看,期货交易是由现货交易发展而来的。在13世纪比利时的安特卫普、17世纪荷兰的阿姆斯特丹和18世纪日本的大阪,就已经出现了期货交易的雏形。现代有组织的期货交易产生于美国芝加哥,1848年芝加哥期货交易所(CBOT)开始从事农产品的远期买卖。为了避免农产品价格剧烈波动的风险,农场主和农产品贸易商、加工商一开始就采用了现货远期合约的方式来进行商品交换,以期稳定货源和销路,减少价格波动的风险。

随着交易规模的扩大,现货远期合约的交易逐渐暴露出一些弊端。一是现货远期合约没有统一规定内容,是非规范化合约,每次交易都需要双方重新签订合约,增加了交易成本,降低了交易效率。二是由于远期合约的内容条款各式各样,某一具体的合约不能被广泛认可,使合约难以顺利转让,降低了合约的流动性。三是远期合约的履行以交易双方的信用为基础,容易发生违约行为。四是远期合约的价格不具有广泛的代表性,不能形成市场认可的、比较合理的预期价格。因此,早期的芝加哥期货交易所经常发生交易纠纷和违约,使商品交易受到很大的制约,市场发展受到一定限制。

为了减少交易纠纷,简化交易手续,增强合约流动性,提高市场效率,1865年芝加哥期货交易所推出标准化的期货合约交易,取代了原有的现货远期合约交易,之后又推出履约保证金制度和统一结算制度。

与现货交易相比,期货交易的主要特征如下。

(1)期货合约是由交易所制订的、在期货交易所内进行交易的合约。

(2)期货合约是标准化的合约。合约中的各项条款,如商品数量、商品质量、保证金比率、交割地点、交割方式和交易方式等都是标准化的,合约中只有价格一项是通过市场竞价交易形成的自由价格。

(3)实物交割率低。期货合约的了结,并不一定必须履行实际交货的义务,买卖期货合约者在规定的交割日期前的任何时候都可以通过数量相同、方向相反的交易将持有的合约相互抵销,无需再履行实际交货的义务。因此,期货交易中实物交割量占交易量的比重很小,一般小于5%。

(4)期货交易实行保证金制度。交易者不需付出与合约金额相等的全额货款,只需付3%~15%的履约保证金。

(5)期货交易所为交易双方提供结算交割服务和履约担保,实行严格的结算交割制度,违约的风险很小。

三、金融期权

1. 金融期权的概念

金融期权(Financial Option)是以期权为基础的金融衍生产品,指以金融商品或金融期货合约为标的物的期权交易。具体地说,其购买者在向出售者支付一定费用后,就获得了能在规定期限内以某一特定价格向出售者买进或卖出一定数量的某种金融商品或金融期货合约的权利。金融期权是赋予其购买者在规定期限内按双方约定的价格(协议价格,Striking Price)或执行价格(Exercise Price)购买或出售一定数量某种金融资产(潜含金融资产,Underlying Financial Assets或标的资产)的权利的合约。

期权主要由以下几个因素构成。①执行价格(又称履约价格):期权的买方行使权利时按事先规定的标的物进行买卖的价格;②权利金:期权的买方支付的期权价格,即买方为获得期权而付给期权卖方的费用;③履约保证金:期权卖方必须存入交易所用于履约的财力担保;④看涨期权:是指在期权合约有效期内按执行价格买进一定数量标的物的权利;⑤看跌期权:是指卖出标的物的权利。

当期权买方预期标的物的价格会超出执行价格时,他就会买进看涨期权,相反就会买进看跌期权。举例说明:

(1)看涨期权:1月1日,标的物是铜期货,它的期权执行价格为1850美元/吨。A买入这个权利,付出5美元;B卖出这个权利,收入5美元。2月1日,铜期货价上涨至1905美元/吨,看涨期权的价格涨至55美元。A可采取两种策略:

行使权利——A有权按1850美元/吨的价格从B手中买入铜期货。B在A提出这个行使期权的要求后,必须予以满足,即便现在手中没有铜,也只能以1905美元/吨的市价在期货市场上买入而以1850美元/吨的执行价卖给A,而A可以1905美元/吨的市价在期货市场上抛出,获利50美元(1905-1850-5)。而B则损失50美元(1850-1905+5)。

售出权利——A可以55美元的价格售出看涨期权,从而A获利50美元(55-5)。如果铜价下跌,即铜期货市价低于敲定价格1850美元/吨,A就会放弃这个权利,只损失5美元权利金,B则净赚5美元。

(2)看跌期权:1月1日,铜期货的执行价格为1750美元/吨,A买入这个权利,付出5美元;B卖出这个权利,收入5美元。2月1日,铜价跌至1695美元/吨,看跌期权的价格涨至55美元。此时,A可采取两种策略:

行使权利——A可以按1695美元/吨的市价从市场上买入铜,而以1750美元/吨的价格卖给B,B必须接受,A从中获利50美元(1750-1695-5),而B损失50美元。

售出权利——A可以55美元的价格售出看跌期权,从而A获利50美元(55-5)。

如果铜期货价格上涨,A就会放弃这个权利而损失5美元,B则净得5美元。

通过上面的例子可以得出以下结论:一是作为期权的买方(无论是看涨期权,还是看跌期权)只有权利而无义务,他的风险是有限的(亏损最大值为权利金),但在理论上获利是无限的;二是作为期权的卖方(无论是看涨期权,还是看跌期权)只有义务而无权利,在理论上他的风险是无限的,但收益显得非常有限(收益最大值为权利金);三是期权的买方无需付出保证金,卖方则必须支付保证金作为必须履行义务的财务担保。

2. 金融期权的发展历史

18世纪,英国南海公司的股票价格飞涨,股票期权市场也有了发展。南海"气泡"破灭后,股票期权曾一度因被视为投机、腐败、欺诈的象征而被禁止交易长达100多年。早期的期权合约于18世纪90年代引入美国,当时美国纽约证券交易所刚刚成立。19世纪后期,被喻为"现代期权交易之父"的拉舍尔·赛奇(Russell Sage)在柜台交易市场组织了一个买权和卖权的交易系统,并引入了买权、卖权平价概念。然而,由于场外交易市场上期权合约的非标准化、无法转让、采用实物交割方式以及无担保等,使得这一市场的发展非常缓慢。

1973年4月26日,芝加哥期权交易所(CBOE)成立,开始了买权交易,标志着期权合约标准化、期权交易规范化。70年代中期,美洲交易所(AMEX)、费城股票交易所(PHLX)和太平洋股票交易所等相继引入期权交易,使期权获得了空前的发展。1977年,卖权交易开始了。与此同时,芝加哥期权交易所开始了非股票期权交易的探索。

1982年,芝加哥货币交易所(CME)开始进行S&P500期权交易,它标志着股票指数期权的诞生,芝加哥期权交易所首次引入美国国库券期权交易,成为利率期权交易的开端。同年,外汇期权也产生了,它首次出现在加拿大蒙特利尔交易所(ME),之后,费城股票交易所也开始了外汇期权交易。1984年,外汇期货期权在芝加哥商品交易所的国际货币市场(IMM)开始交易。随后,期货期权迅速扩展到欧洲美元存款、90天短期及长期国库券、国内存款证等债务凭证期货,以及黄金期货和股票指数期货上面,几乎所有的期货都有相应的期权交易。

此外,在80年代金融创新浪潮中还出现了"新型期权"(Exotic Options),它的出现格外引人注目。"新型"之意是指这一类期权不同于以往,它的结构很奇特,有的期权上加期权,有的则在到期日、协定价格、买入卖出等方面含特殊规定。由于其结构过于复杂,定价困难,市场需求开始减少。90年代以后,这一势头已大为减弱。但90年代金融期权的发展出现了另一种趋势,即期权与其他金融工具的复合物越来越多,如与公司债券、抵押担保债券等进行"杂交",与各类权益凭证复合,以及与保险产品相结合等,形成了一大类新的金融期权产品。

3. 金融期权的分类

场内交易的金融期权主要包括股票期权、利率期权和外汇期权。股票期权与股票期货分类相似,主要包括股票期权和股指期权。股票期权是在单个股票基础上衍生出来的选择权,股指期权主要分为两种:一种是股指期货衍生出来的股指期货期权,例如新加坡交易所交易的日经225指数期权,是从新加坡交易所交易的日经225指数期货衍生出来的;另一种是从股票指数衍生出来的现货期权,例如大阪证券交易所日经225指数期权,是日经225指数衍生出来的。两种股指期权的执行结果是不一样的,前者执行得到的是一张期货合约,而后者则进行现金差价结算。

4. 金融期权的特征

金融期权与金融期货有着相似的功能。从一定的意义上说,金融期权是金融期货功能的延续和发展,具有与金融期货相同的套期保值和发现价格的功能,是一种行之有效的控制风险的工具。与金融期货相比,金融期权的主要特征在于它仅仅是买卖双方权利的交换。期权的买方在支付了期权费后,就获得了期权合约所赋予的权利,即在期权合约规定的时间内,以事先确定的价格向期权的卖方买进或卖出某种金融工具的权利,但并没有必须履行该期权合约的义务。期权的买方可以选择行使他所拥有的权利;期权的卖方在收取期权费后就承担着在规定时间内履行该期权合约的义务。即当期权的买方选择行使权利时,卖方必须无条件地履行合约规定的义务,而没有选择的权利。

与金融期货相比,金融期权与金融期货存在很多的不同。

(1)标的物不同。金融期权与金融期货的标的物不尽相同。一般凡是可作期货交易的金融商品都可作期权交易;然而,可作期权交易的金融商品却未必可作期货交易。在实践中,只有金融期货期权,而没有金融期权期货,即只有以金融期货合约为标的物的金融期权交易,而没有以金融期权合约为标的物的金融期货交易。一般而言,金融期权的标的物多于金融期货的标的物。

(2)对称性不同。金融期货交易的双方权利与义务对称,即对任何一方而言,都既有要求对方履约的权利,又有自己对对方履约的义务。而金融期权交易双方的权利与义务存在着明显的不对称性,期权的买方只有权利而没有义务,而期权的卖方只有义务而没有权利。

(3)履约保证不同。金融期货交易双方均需开立保证金账户,并按规定缴纳履约保证金。而在金融期权交易中,只有期权出售者,尤其是无担保期权的出售者才需开立保证金账户,并按规定缴纳保证金,以保证其履约的义务。至于期权购买者,因期权合约未规定其义务,其无需开立保证金账户,也就无需缴纳任何保证金。

(4)现金流转不同。金融期货交易双方在成交时不发生现金收付关系,但在成交后,由于实行逐日金融期权交易结算制度,交易双方将因价格的变动而发生现金流转,即盈利一方的保证金账户余额将增加,而亏损一方的保证金账户余额将减少。当亏损方保证金账户余额低于规定的维持保证金时,他必须按规定及时缴纳追加保证金。因此,金融期货交易双方都必须保有一定的流动性较高的资产,以备不时之需。

而在金融期权交易中,在成交时期权购买者为取得期权合约所赋予的权利,必须向期权出售者支付一定的期权费。但在成交后,除了到期履约外,交易双方不发生任何现金流转。

(5)盈亏特定不同。金融期货交易双方都无权违约也无权要求提前交割或推迟交割,而只能在到期前的任一时间通过反向交易实现对冲或到期进行实物交割。而在对冲或到期交割前,价格的变动必然使其中一方盈利而另一方亏损,其盈利或亏损的程度决定于价格变动的幅度。因此,从理论上讲,金融期货交易中双方潜在的盈利和亏损都是无限的。

相反,在金融期权交易中,由于期权购买者与出售者在权利和义务上的不对称性,他们在交易中的盈利和亏损也具有不对称性。从理论上说,期权购买者在交易中的潜在亏损是有限的,仅限于所支付的期权费,而可能取得的盈利却是无限的;而期权出售者在交易中所取得的盈利是有限的,仅限于所收取的期权费,而可能遭受的损失却是无限的。当然在现实的期权交易中,由于成交的期权合约事实上很少被执行,因此期权出售者未必总是处于不利地位。

(6)作用与效果不同。金融期权与金融期货都是人们常用的套期保值的工具,但它们的作用与效果是不同的。

人们利用金融期货进行套期保值,在避免价格不利变动造成的损失的同时也必须放弃若价格有利变动可能获得的利益。人们利用金融期权进行套期保值,若价格发生不利变动,套期保值者可通过执行期权来避免损失;若价格发生有利变动,套期保值者又可以通过放弃期权来保护利益。这样通过金融期权交易,既可避免价格不利变动造成的损失,又可在相当程度上保住价格有利变动而带来的利益。

但是,这并不是说金融期权比金融期货更为有利。从保值角度来说,金融期货通常比金融期权更为有效,也更为便宜,而且要在金融期权交易中真正做到既保值又获利,事实上也并非易事。

所以,金融期权与金融期货各有所长,各有所短,在现实的交易活动中,人们往往将两者结合起来,通过一定的组合或搭配来实现某一特定目标。

三、其他衍生工具

(一)存托凭证

1. 存托凭证的定义

存托凭证是指在一国证券市场流通的代表外国公司有价证券的可转让凭证。存托凭证(DR)主要以美国存托凭证(ADR)形式存在,即主要面向美国投资者发行并在美国证券市场交易。

存托凭证最初出现于20世纪20年代末,它通过减少或消除诸如交割延误、高额交易成本以及其他与跨国交易有关的不便之处来方便美国投资者购买非美国证券和让非美国公司的股票可以在美国交易。从清算、交割、过户和所有权的角度来看，存托凭证都可以像美国证券一样被买卖。

2. 存托凭证的种类

美国存托凭证(ADR)和全球存托凭证(GDR)都可以方便跨国界交易和用于面向美国及非美国投资者的全球性股本发售。从法律、运作、技术和管理的观点来看，美国存托凭证与全球存托凭证都是一回事。

3. 美国存托凭证的市场运作

美国存托凭证的市场运作业务中涉及以下三个关键机构：

(1)存券银行。存券银行作为 ADR 的发行人和 ADR 市场中介，为 ADR 投资者提供所需的一切服务。

(2)托管银行。托管银行是由存券银行在基础证券发行国所安排的银行，负责保管 ADR 所代表的基础证券，根据存券银行的指令领取红利或利息，用于再投资或汇回 ADR 发行国，并向存券银行提供当地的市场信息。

(3)存券信托公司。指美国证券的中央保管和清算机构，负责 ADR 的保管和清算。

ADR 的市场运作过程如下：①美国投资者委托美国经纪人以 ADR 形式购入非美国公司证券；②美国经纪人与基础证券所在地的经纪人联系购买事宜，并要求将所购买的证券解往美国的存券银行在当地的托管银行；③当地经纪人通过当地的交易所或场外市场购入所指示的证券，该证券既可以是已经在二级市场上流通的证券，也可以是非美国公司的一部分以 ADR 形式发售的证券；④将所购买的证券存放在当地的托管银行；⑤托管银行解入相应的证券后，立即通知美国的存券银行；⑥存券银行即发出 ADR 交与美国经纪人；⑦经纪人将 ADR 交给投资者或存放在存券信托公司，同时把投资者支付的美元按当时的汇价兑换成相应的外汇支付给当地的经纪人。

ADR 的交易：①市场的内部交易，即在美国证券市场，像任何其他美国证券一样，ADR 持有者之间的自由交易；②注销，当客户指示卖出 ADR 时，美国的经纪人委托基础证券所在国的经纪人出售基础证券，由存券银行注销 ADR。

交易定价：一旦在美国市场流通的存托凭证达到相当的数量，通常是一家公司发行股份的 3%～6% 时，一个真正的内部交易市场就开始出现了。在这个市场出现以前，大多数的买进存托凭证都是通过发行存托凭证来实现的。当经纪人公司执行客户的指令时，他们会通过比较存托凭证的美国价格和当地市场实际股票的美元折算价格来为客户寻求最理想的价位。经纪人公司可以采用三种方法在提供他们最理想价位的市场买进或卖出即发行新的存托凭证、转手已有的存托凭证、注销存托凭证。当基础股票的价格和存托凭证的价格持平时,经纪人公司就简单地以买、卖存托凭证来执行客户的指令。这样不断地买卖存托凭证,有助于弥合当地市场和美国市场之间的差价到最小的程度。结果是95%左右的存托凭证交易是由市场内部交易完成的,其中并不包括存托凭证的发行与注销。

(二)认股权证

1. 认股权证的定义

认股权证,全称是股票认购授权证,它由上市公司发行,给予持有权证的投资者在未来某个时间或某一段时间以事先确认的价格购买该公司一定数量股票的权利。权证表明持有者有权利而无义务。届时公司股票价格上涨,超过认股权证所规定的认购价格,权证持有者按认购价格购买股票,赚取市场价格和认购价格之间的差价;若届时市场价格比约定的认购价格还低,权证持有者可放弃认购。从内容上看,认股权证实质上就是一种买入期权。

2. 认股权证的基本要素

认股权证的基本要素包括以下几种。

(1)发行人。股本认股权证的发行人为标的上市公司,而衍生认股权证的发行人为标的公司以外的第三方,一般为大股东或券商。在后一种情况下,发行人往往需要将标的证券存放于独立保管人处,作为其履行责任的担保,这种权证被称之为备兑认股权证。

(2)看涨和看跌权证。当权证持有人拥有从发行人处购买标的证券的权利时,该权证为看涨权证。反之,当权证持有人拥有向发行人出售标的证券的权利时,该权证为看跌权证。认股权证一般指看涨权证。

(3)到期日。到期日是权证持有人可行使认购(或出售)权利的最后日期。该期限过后,权证持有人便不能行使相关的权利,权证的价值也变为零。

(4)执行方式。在美式执行方式下,持有人在到期日以前的任何时间内均可行使认购权;而在欧式执行方式下,持有人只有在到期日当天才可行使认购权。

(5)交割方式。交割方式包括实物交割和现金交割两种形式。其中,实物交割指投资者行使认股权利时从发行人处购入标的证券,而现金交割指投资者在行使权利时,由发行人向投资者支付的市价高于执行价的差额。

(6)认股价(执行价)。认股价是发行人在发行权证时所订下的价格,持证人在行使权利时,以此价格向发行人认购标的股票。

(7)权证价。权证价格由内在价值和时间价值两部分组成。当正股股价(指标的证券市场价格)高于认股价时,内在价值为两者之差,而当正股股价低于换股价时,内在价值为零。但如果权证尚没有到期,正股股价还有机会高于认股价,因此权证仍具有市场价值,这种价值就是时间价值。

(8)认购比率。认购比率是每张权证可认购正股的股数。如认购比率为0.1,就表示每十张权证可认购一股标的股票。

(9)杠杆比率(Leverage Ratio)。杠杆比率是正股市价与购入一股正股所需权证的市价之比,即杠杆比率=正股股价/(权证价格÷认购比率)。杠杆比率可用来衡量"以小博大"的放大倍数,杠杆比率越高,投资者盈利率也就越高,当然,其可能承担的亏损风险也越大。

(三)优先认股权

优先认股权是指在发行新股票时应给予现有股东优先购买新股票的权利。其做法是给每个股东一份证书,写明他有权购买新股票的数量,数量多少根据股东现有股数乘以规定比例求得。一般来说,新股票的定价低于股票市价,从而使优先认股权具有价值。股东可以行使该权利,也可以转让他人。

1. 附权优先认股权的价值

优先认股权通常在某一股权登记日前颁发。在此之前购买股票的股东享有优先认股权,或说此时的股票的市场价格含有分享新发行股票的优先权,因此称为"附权优先认股权",其价值可由下式求得:

$$R = M - (RN + S) \qquad (2-1)$$

式中:R 为附权优先认股权的价值;M 为附权股票的市价;N 为购买1股股票所需的股权数;S 为新股票的认购价。

该式可作以下解释:投资者在股权登记日前购买1股股票,应该付出市价 M,同时也获得1股权;投资者也可购买申购一股新股所需的若干股权,价格为 RN,并且付出每股认购价 S 的金额。这两种选择都可获得1股股票,唯一的差别在于前一种选择多获得一份认股权。

因此,这两种选择的成本差额,即 $M-(RN+S)$,必然等于股权价值 R。重写方程,可得:

$$R = (M-S)/(N+1) \qquad (2-2)$$

案例:如果分配给现有股东的新发行股票与原有股票的比例为1∶5,每股认购价格为30元,原有股票每股市价为40元,则在股权登记日前,此附权优先认股权的价值为:

$$(40-30)/(5+1) = 1.674(元)$$

于是,无优先认股权的股票价格,将下降到40-1.67=38.33(元)。

2. 除权优先认股权的价值

在股权登记日以后,股票的市场价格中将不再含有新发行股票的认购权,其优先认股权的价值也按比例下降,此时就被称为"除权优先认股权"。其价值可由下式得到:

$$M-(RN+S)=0 \tag{2-3}$$

式中:M 为除权股票的市价;R 为附权优先认股权的价值;N 为购买1股股票所需的认股权数;S 为新股票的认购价。

此式原理与公式(2-1)完全一致。投资者可在公开市场购买1股股票,付出成本 M,或者也可购买申购1股股票所需的认股权,并付出1股的认购金额,其总成本为 $RN+S$。这两种选择完全相同,都是为投资者提供1股股票,因此成本应是相同的,其差额为0。

把公式(2-3)进行改写,可得:

$$R=(M-S)/N \tag{2-4}$$

在前面例子中,除权后认股权的价值应为 $(38.33-30)/5=1.666$(元)

3. 优先认股权的杠杆作用

优先认股权的主要特点之一是能提供较大程度的杠杆作用,也就是说,优先认股权的价格要比其可购买的股票的价格增长或减小的速度快得多。比如,某公司股票在除权之后价格为15元,其优先认股权的认购价格为5元,认购比率为1:4,则其优先认股权的价格为 $(15-5)/4=2.5$ 元。假定公司收益改善的良好前景使股票价格上升到30元,增长100%,则优先认股权的价格为 $(30-5)/4=6.25$ 元,其增长为 $(6.25-2.5)/2.5=150\%$,远快于股票价格的增长速度。

1.证券市场投资品种有哪些?它们的特征是什么?
2.股票、债券、证券投资基金的异同点是什么?

第三章 证券市场机构、运行与法规

第一节 证券中介机构

证券中介机构是指为证券市场参与者(如发行人、投资者)等提供各种服务的专职机构。按提供服务的内容不同,证券中介机构可以分为:证券经营机构、证券投资咨询机构、证券结算登记机构、证券金融公司、可从事证券相关业务的各类事务所等。

1. 证券经营机构

证券经营机构即经证券行业主管机关依法批准设立,在证券市场上经营证券业务的金融机构。在传统的证券市场上,按其经营的业务,一般将证券经营机构划分为三种类型,即证券承销商、证券经纪商和证券自营商。

证券承销商的基本职能是专门从事代理证券发行业务,帮助证券发行人筹集所需资金。

证券经纪商的基本职能是接受投资者委托、代理买卖有价证券。

证券自营商的基本职能是直接投资证券,即通过自行买卖证券从中寻求差价回报。

国外的证券经营机构已经将这三种类型合而为一。在中国证券经营机构分为证券专营机构(即证券公司)和证券兼营机构(即信托投资公司)。证券公司则按照公司注册资金和业务能力,又划分为经纪类证券公司和综合类证券公司,而综合类证券公司又细分为一般性综合证券公司和创新类证券公司。

2. 证券投资服务机构

证券投资服务机构是为证券市场参与者提供专业性证券投资资讯信息、投资咨询的机构。它主要有证券投资咨询公司、证券资讯公司和证券评级机构。

(1)证券投资咨询公司。在西方国家称之为投资顾问,其主要职能已经演化为帮助投资者了解市场、分析投资价值和引导投资方向。证券市场上主管机关对投资咨询公司的设立、投资咨询人员的条件和投资咨询报告的发表都规定了严格的条件。中国也开始加强对投资咨询和信息传播的管理,中国证券监督管理委员会已经颁布了《证券、期货投资咨询管理暂行办法》《证券投资咨询从业人员管理规定》等一系列的相关管理规定和办法。

(2)证券资讯服务公司。它是以为证券市场提供相关数据与信息的收集、整理、管理和服务的中介机构。譬如,万德资信、新兰德资信、钱龙系统等。

(3)证券评级机构。证券评级机构的基本职能,是对证券市场上的机构和证券的信用状况进行评定,以客观真实地反映证券发行人及其证券的资信程度。国际上著名的证券评级机构有:美国的穆迪投资服务公司、标准普尔公司,加拿大的债务评级服务公司,英国的爱克斯但尔统计服务公司等。

3. 证券结算登记机构

证券结算登记机构的基本职能是从事证券登记、存管、过户和资金结算与交收。它是证券市场的重要组成部分。结算登记业务是保障证券交易连续进行必不可少的环节。世界各国的证券交易都有其专门的证券结算登记系统,该系统的运转好坏、效率高低、稳定程度,对证券市场安全、高效、有序运行有着极其重要的影响。

4. 证券金融公司(或证券融资公司)

证券金融公司源于信用交易制度,是一种较为特殊的中介机构。它主要吸收证券公司、交易所或其他证券机构的存款和存券,向证券机构借出信用交易所需的资金和证券。在成熟的市场中,证券金融公司的融资融券活动可提高证券市场交易的活跃程度,这一机构主要存在于日本和中国台湾。美国的融资融券业务是通过交易双方的借贷行为完成的。过去中国大陆法规不允许此类业务。随着证券市场的发展和完善,2011年10月28日成立了中国证券金融股份有限公司,作为境内唯一从事融通业务的金融机构,旨在为证券公司融资融券业务提供配套服务。

5. 可从事证券相关业务的机构

我们将从事证券相关业务的机构分为媒体、网络和事务所。其中事务所主要包括会计师事务所、各种资产评估事务所、律师事务所等。

第二节 证券市场运行

一、证券发行

证券发行是指政府、金融机构、工商企业等以募集资金为目的向投资者出售代表一定权利的有价证券的活动。任何一个经济体系中都有资金的盈余单位(有储蓄的个人、家庭和有闲置资金的企业)和资金的短缺单位(有投资机会的企业、政府和有消费需要的个人)。为了加速资金的周转及利用效率,需要使资金从盈余单位流向短缺单位。

在实际经济生活中,资金的流动和分配有两种形式:一种是间接融资,即储蓄者把他们盈余的钱存入银行,银行再把这部分资金贷给借款者;另一种是直接融资,即投资者通过购买政府、企业和金融机构发行的各种有价证券,将资金直接投入到资金短缺单位。

发行人是指为筹措资金而发行证券的政府、股份公司、金融机构、工商企业等,它们是证券的供应者和资金的需求者。发行人的多少和发行证券数量的多少,决定了发行市场的规模和发达程度。发行人主要包括以下四大类。

1. 政府

中央政府为弥补财政赤字或筹措经济建设所需资金,在证券市场上发行国库券、财政债券、国家重点建设债券等,这些即是国债。地方政府可为本地公用事业的建设发行地方政府债券。

2. 股份公司

对筹设中的股份有限公司而言,发行股票是为了达到法定注册资本从而设立公司;而对已经成立的股份有限公司而言,发行股票和债券是为了扩大资金来源,满足生产经营发展的需要。

3. 金融机构

商业银行、政策性银行和非银行金融机构为筹措资金,经过批准可公开发行金融债券。

4. 企业

非股份公司的企业经过批准,可在证券市场上通过发行企业债券筹集资金。

二、发行的种类

1. 公募和私募

政府、金融机构和工商企业等在发行证券时,可以选择不同的投资者作为发行对象,由此可以将证券发行分为公募和私募两种形式(表3-1)。

2. 平价发行、溢价发行和折价发行

股票有许多不同的价值表现形式,票面面额和发行价格是其中最主要的两种表现形式。票面面额是印刷在股票票面上的金额,表示每一单位股份所代表的资本额。发行价格则是公司发行股票时向投资者收取费用的价格。

表 3-1　公募和私募对比分析表

比较	公　募	私　募
方式	发行人通过中介机构向不特定的社会公众广泛地发售证券的方式	向少数特定的投资人发行证券的方式,又称不公开发行或内部发行
对象	所有合法的社会投资者	①个人投资者,如公司老股东或发行机构员工;②机构投资者,如大型金融机构或与发行人有密切往来关系的企业等
优点	①筹集资金潜力大,适合于证券发行数量较多、筹资额较大的发行;②发行投资者范围大,可避免囤积证券或被少数人操纵;③只有公开发行的证券方可申请在交易所上市,可增强证券的流动性,有利于提高发行人的社会信誉	有确定的投资人,发行手续简单,可以节省发行时间和费用
缺点	发行过程比较复杂,登记核准所需时间较长,发行费用也较高	投资者数量有限,流通性较差,而且也不利于提高发行人的社会信誉

股票的发行价格与票面面额通常是不相等的,根据发行价格和票面面额的关系,可以将证券发行分为溢价发行、平价发行和折价发行三种形式。发行价格＞票面面额为溢价发行;发行价格＝票面面额为平价发行;发行价格＜票面面额为折价发行。

(1)平价发行:也称为等额发行或面额发行,是指发行人以票面金额作为发行价格。如某公司股票面额为1元,若采用平价发行方式,那么该公司发行股票时的售价也是1元。由于股票上市后的交易价格通常要高于面额,面额发行能使投资者得到交易价格高于发行价格时所产生的额外收益,因此绝大多数投资者都乐于认购。平价发行方式较为简单易行,但其主要缺点是发行人筹集资金量较少。目前,面额发行在发达的证券市场中用得很少,多在证券市场不发达的国家和地区采用。中国最初发行股票时,就曾采用过面额发行。如1987年深圳发展银行发行股票时,每股面额为20元,发行价也为每股20元。

(2)溢价发行:是指发行人按高于面额的价格发行股票,因此可使公司用较少的股份筹集到较多的资金,同时还可降低筹资成本。溢价发行又可分为时价发行和中间价发行两种方式。时价发行也称市价发行,是指以同种或同类股票的流通价格为基准来确定股票发行价格,股票公开发行通常采用这种形式。在发达的证券市场中,当一家公司首次发行股票时,通常会根据同类公司(产业相同、经营状况相似)的股票在流通市场上的价格表现来确定自己的发行价格;而当一家公司增发新股时,则会按已发行股票在流通市场上的价格水平来确定发行价格。中间价发行是指以介于面额和时价之间的价格来发行股票。中国股份公司对老股东配股时,基本上都采用中间价发行。

(3)折价发行:是指以低于面额的价格出售新股,即按面额打一定折扣后发行股票,折扣的大小主要取决于发行公司的业绩和承销商的能力。如某种股票的面额为1元,如果发行公司与承销商之间达成的协议折扣率为5%,那么该股票的发行价格为每股0.95元。目前,西方国家的股份公司很少采用折价发行方式。《中华人民共和国公司法》第131条明确规定:"股票发行价格可以按票面金额,也可以超过票面金额,但不得低于票面金额。以超过票面金额为股票发行价格的,须经国务院证券管理部门批准"。

三、证券交易

1. 证券交易市场

证券交易市场也称二级市场或次级市场,是指对已经发行的证券进行买卖、转让和流通的市场。在二级市场上销售证券的人属于出售证券的投资者,而不属于发行该证券的公司。

在国外一些发达国家,证券交易市场有场内交易市场和场外交易市场两种形式。

(1)场内交易市场:指由证券交易所组织的集中交易市场,有固定的交易场所和交易活动时间,在多数国家它还是全国唯一的证券交易场所,因此是全国最重要、最集中的证券交易市场。证券交易所接受和办理符合有关法令规定的证券上市买卖,投资者则通过证券商在证券交易所进行证券买卖活动。

证券交易所不仅是买卖双方公开交易的场所,而且为投资者提供多种服务,交易所随时向投资者提供关于在交易所挂牌上市的证券交易情况,如成交价格和数量等;提供发行证券企业公布的财务情况,供投资者参考。交易所制定各种规则,对参加交易的经纪人和自营商进行严格管理,对证券交易活动进行监督,防止操纵市场、内幕交易、欺诈客户等违法犯罪行为的发生。交易所还要不断地完善各种制度和设施,以保证正常交易活动持续、高效地进行。

(2)场外交易市场:又称柜台交易或店头交易市场,指在交易所外由证券买卖双方当面议价成交的市场,它没有固定的场所,其交易活动主要利用电话进行,交易的证券以不在交易所上市的证券为主,在某些情况下也对在证券交易所上市的证券进行场外交易。场外交易市场中的证券商兼具证券自营商和代理商的双重身份。作为自营商,他可以把自己持有的证券卖给顾客或者买进顾客的证券,赚取买卖价差;作为代理商,又可以以客户代理人的身份向别的自营商买进或卖出证券。近年来国外一些场外交易市场发生了很大变化,它们大量采用先进的电子化交易技术,使市场覆盖面更加广阔,市场效率得到很大提高。这方面以美国的那斯达克市场为典型代表。

国外各种场外交易市场都有一个共同特点,就是它们都是在国家法律限定的框架内,由成熟的投资者参与,接受政府管理机构的监管。

2. 证券交易所

证券交易所是证券市场发展到一定程度的产物,也是集中交易制度下证券市场的组织者和一线监管者。根据《证券交易所管理办法》(2001年修订)规定,证券交易所是指依法设立的,不以营利为目的,为证券的集中和有组织的交易提供场所、设施,履行国家有关法律、法规、规章、政策规定的职责,实行自律性管理的法人。与证券公司等证券经营机构不同,证券交易所本身并不从事证券买卖业务,只是为证券交易提供场所和各项服务,并履行对证券交易的监管职能。

从组织形式上看,国际上的证券交易所可分为会员制证券交易所和公司制证券交易所。

会员制证券交易所是以会员协会形式成立的不以营利为目的的组织,主要由证券商组成。只有会员及享有特许权的经纪人,才有资格在交易所中进行交易。会员制证券交易所实行会员自治、自律、自我管理。会员制证券交易所的最高权力机构是会员大会,理事会是执行机构,理事会聘请经理人员负责日常事务。目前大多数国家的证券交易所均实行会员制,目前中国的上海、深圳证券交易所都实行会员制。

公司制证券交易所以盈利为目的,它是由各类出资人共同投资入股建立起来的公司法人。公司制证券交易所对在本所内的证券交易负有担保责任,必须设有赔偿基金。公司制证券交易所的证券商及其股东不得担任证券交易所的董事、监事或经理,以保证交易所经营者与交易参与者的分离。瑞士的日内瓦证券交易所、美国的纽约证券交易所都是公司制。

作为证券市场的组织者,证券交易所具有以下功能。

(1)提供证券交易场所。由于这一市场的存在,证券买卖双方有集中的交易场所,可以随时把所持有的证券转移变现,保证证券流通持续不断地进行。

(2)形成与公告价格。在交易所内完成的证券交易活动形成了各种证券的价格,由于证券的买卖是集中、公开地进行,采用双边竞价的方式达成交易,其价格在理论水平上是近似公平与合理的,这种价格及时向社会公告,并被作为各种相关经济活动的重要依据。

(3) 集中各类社会资金参与投资。随着交易所上市股票的日趋增多,成交数量日益增大,可以将极为广泛的资金吸引到股票投资上来,为企业的发展提供所需资金。

(4) 引导投资的合理流向。交易所为资金的自由流动提供了方便,并通过每天公布的行情和上市公司的信息,反映证券发行公司的获利能力和发展情况,使社会资金向最需要和最有利的方向流动。

3. 交易席位

交易席位原指交易所交易大厅中的座位,座位上有电话、电脑等通讯设备,经纪人可以通过它传递交易与成交信息。证券商参与证券交易,必须预先购买席位,席位购买后只能转让,不能撤销。拥有交易席位,就拥有了在交易大厅内进行证券交易的资格。随着科学技术的不断发展,通讯手段日益现代化,交易方式由手工竞价模式发展为电脑自动撮合,交易席位的形式也发生了很大变化,已逐渐演变为与交易所撮合主机联网的电脑报盘终端。

世界各国证券交易所都向证券商提供交易席位,如美国最大的纽约证券交易所现有的席位超过 1300 个。

中国证券交易所为证券商提供的交易席位有两种,即有形席位和无形席位。

有形席位是指设在交易所交易大厅内与撮合主机联网的电脑报盘终端。证券商通过有形席位进行证券交易,采用的是人工报盘方式,即由证券营业部里的柜台工作人员通过热线电话将投资者的委托口述给证券交易所交易大厅内的出市代表,出市代表用席位上的电脑报盘终端再将委托输入撮合主机,通过单向卫星接收实时的行情和成交回报数据。

无形席位是指证券商利用现代通讯网络技术,将证券营业部里的电脑终端与交易所撮合主机直接联网,直接将交易委托传送到交易所撮合主机,并通过通讯网络接收实时行情和成交回报数据。无形席位采用的主要通讯方式是技术水平较高、传输速率较快、安全可靠性较好的双向卫星,以适应中国幅员辽阔、投资者分散的特点。

无形席位实际上是交易所为证券商提供的与撮合主机联网用的通讯端口,不再具有席位的原始形式。如果全部采用无形席位交易,在交易所交易大厅我们将看不到证券商的出市代表,甚至连交易大厅也不需要。一个无形席位与证券商柜台电脑服务器相联后,可以连接几十台报盘终端,也就是说,一个无形席位的效率相当于几十个有形席位。对于无形化交易市场来说,证券商的报盘终端可以与交易所撮合主机相联。因此,每个从证券营业网点通过电话委托、自助委托或柜台委托的投资者,都相当于场内的出市代表,投资者输入的委托直接进入交易所的电脑主机进行撮合。证券商一般可以用少量的几个无形席位来代替有形市场的几十个有形席位,且无需在场内派驻出市代表,大大节约了经营成本,更重要的是省去了人工报盘的中间环节,从而减少了差错,提高了效率。无形席位具有有形席位无法比拟的优势。中国在这方面处于世界领先地位,深圳证券交易所已经采用无形席位。

4. 股票委托报价的方式

常用的委托报价方式主要有以下六种。

(1) 限价委托(Limit Order)。客户向证券经纪商发出买卖某种股票的指令时,不仅提出买卖的数量,而且对买卖的价格做出限定,即在买入股票时,限定一个最高价,只允许证券经纪人按其规定的最高价或低于最高价的价格成交;在卖出股票时,限定一个最低价,只允许证券经纪人按其规定的最低价或高于最低价的价格成交。限价委托的一个最大特点是,股票的买卖可以按照投资人希望的价格或者更好的价格成交,有利于投资人实现预期投资计划,谋求最大利益。

(2) 市价委托(Market Order)。市价委托是指定交易数量而不给出具体的交易价格,但要求按该委托进入交易大厅或交易撮合系统时以市场上最好的价格进行交易。市价委托的好处在于它能保证即时成交,相对于其他类别的委托报价方式而言,它消除了因价格限制而不能成交时所产生的价格风险。根据各国股市交易的经验,机构投资者基于对市场信息的判断而对交易的即时性要求很高,这类投资者普遍采用市价委托报价方式。从买卖双方的交易比例来看,卖出时使用市价委托的比例要高于买进时的比例,表明投资者在出货时对时机的即时性要求较高,而进货时更多地使用限价委托。

(3) 定价即时交易委托(Immediate or Cancel)。客户根据市场上现行的价格水平,要求经纪人按照给定的委托价格立即到市场上进行交易。如委托进入市场时,市场上的价格正好是委托价格或比委托价格更好的价格,则可马上成交,否则其委托自动取消,这种委托报价方式与限价委托方式的主要区别是,它要求即时交易而不等待。

(4) 定价全额即时委托(Fill or Kill)。客户根据市场上现行的价格水平,要求经纪人按照给定的委托价格和交易数量立即到市场上进行交易。如委托进入市场时,市场上的价格正好是委托价格或比委托价格更好的价格,同时又能全额满足,则可马上成交,否则其委托活动取消。与定价即时交易委托方式相比,定价全额即时委托要求必须是全额交易。

(5) 止损委托(Stop Order)。这种委托要求经纪人和交易商在市场价格达到一定水平时,立即以中价或以限价按客户指定的数量买进或卖出证券,目的在于保护客户已获得的利润。在实际运作中,限价委托和止损委托经常结合运用。比如,客户在给出一个以10元的价格买进A公司股票的限价委托时,可加上一个以12元的价格按市价买进的止损委托。当市场价格从12元的价位继续回落时,交易可按10元的价格进行,这样客户买卖A公司股票的理论投资收益就是其实际成交价格与12元止损报价之间的价差额,从而达到降低投资风险的目的。

(6)开盘和收市委托(Market at Open and Close)。开盘和收市委托要求经纪人在开市或闭市时按市价或限价委托方式买卖股票。与前五种委托报价方式相比,开盘和收市委托的主要区别在于限定了成交时间,而对具体的报价方式没有严格要求。

各国的股票市场,由于其历史原因和交易制度的差异,在交易委托方式的选择上各有侧重。纽约证券交易所几乎涵盖了上述各种委托报价类型,而市价委托和限价委托则在世界主要证券市场普遍采用。一般来说,电子竞价方式的广泛采用和高科技通讯手段的出现,使证券市场的委托报价形式趋于简单化。

5. 股价指数

股价指数是运用统计学中的指数方法编制而成的,用来反映股市总体价格或某类股价变动和走势的指标。根据股价指数反映的价格走势所涵盖的范围,可以将股价指数划分为反映整个市场走势的综合性指数和反映某一行业或某一类股票价格走势的分类指数。例如,恒生指数反映的是香港股市的整体走势;而恒生国企指数反映的是在香港上市的H股价格走势,恒生红筹股指数则反映了香港股市中红筹股的价格走势。

按照编制股价指数时纳入指数计算范围的股票样本数量,可以将股价指数划分为全部上市股票价格指数和成分股指数。前者是指将指数所反映出的价格走势涉及的全部股票都纳入指数计算范围。如上海证券交易所发布的上海证券交易所综合指数,就是把全部上市股票的价格变化都纳入计算范围,上海证券交易所的工业股价格指数、商业股价格指数等,则分别把全部的工业类上市股票和商业类上市股票纳入各自的指数计算范围。成分股指数,是指从指数所涵盖的全部股票中选取一部分较有代表性的股票作为指数样本,称为指数的成分股,计算时只把所选取的成分股纳入指数计算范围。如深圳证券交易所成分股指数,就是从深圳证券交易所全部上市的股票中选取40种,计算得出的一个综合性成分股指数。通过这个指数,可以近似地反映出全部上市股票的价格走势。深圳证券交易所发布的工业股成分指数,是从深圳证券交易所上市的工业股中选取30家成分股作为代表计算得出的。在编制成分股指数时,为了保证所选样本具有充分的代表性,国际上惯用的做法是,综合考虑样本股的市价总值及成交量在全部上市股票中所占的比重,并要充分考虑到所选样本股公司的行业代表性。指数公布后,还要根据市场变化状况定期或不定期地变换样本股。

股价指数的计算方法采用算术平均法和加权平均法两种。

算术平均法:是将组成指数的每只股票价格进行简单地平均,计算得出一个平均值。例如,如果所计算的股票指数包括3只股票,其价格分别为15元、20元、30元,则其股价算术平均值为(15+20+30)/3=21.66元。

加权平均法:就是在计算股价平均值时,不仅考虑到每只股票的价格,而且要根据每只股票对市场影响的大小,对平均值进行调整。在实践中,一般是以股票的发行数量或成交量作为市场影响的参考因素,纳入指数计算,称为权数。如上例中3只股票的发行数量分别为1亿股、2亿股、3亿股,以此为权数进行加权计算,则价格加权平均值为(15×1+20×2+30×3)/(1+2+3)=24.16元。

由于以股票实际平均价格作为指数不便于人们计算和使用,一般很少直接用平均价来表示指数水平,而是以某一基准日的平均价格为基准,将以后各个时期的平均价格与基准日平均价格相比较,计算得出各期的比价,再转换为百分值或千分值,以此作为股价指数的值。

计算公式:

$$股价指数 = \frac{\sum_{i=1}^{n} M'_i P'_i}{\sum_{i=1}^{n} M_i P_i} \times 100$$

式中:n 为计算的股票品种数;M_i 为第 i 个股票的基准日规模;P_i 为第 i 个股票的基准日股票收盘价格;M'_i 和 P'_i 为计算时 i 股票的规模和盘面股票价格。

例如,上海证券交易所和深圳证券交易所发布的综合指数基准日指数均为100点,而两个交易所发布的成分指数基准日指数都为1000点。

在实践中,上市公司经常会有增资和扩股、派息等行为,使股票价格产生除权、除息效应,失去连续性,不能进行直接比较。因此在计算股价指数时也要考虑到这些因素的变化,及时对指数进行校正,以免股价指数失真。

四、证券市场与风险

1. 金融工具与风险

任何一种金融工具都具有风险性和收益性双重特点。

金融工具的风险性:是指购买金融工具的本金遭受损失的可能性。本金受损一般来自两个方面:一是债务人一方不履行合约,不按期偿还,这种风险称为信用风险;二是指由于金融工具的市场价格下跌,导致本金亏蚀,这种风险称为市场风险。

金融工具的收益性:是指金融工具能为证券持有者定期或不定期带来的收益回报。它也包括两个方面:一是固定收益,如债券持券人可按债券票面上注明的利率取得固定利息收益;二是即期收益,如股票按市场价格卖出时,获得的差价收益。

然而,不同金融工具的收益和风险及其内在联系是有很大差异的。一般来说,资本市场金融工具的收益高于货币市场金融工具的收益,直接融资金融工具的收益高于间接融资金融工具的收益,股权凭证的收益高于债权凭证的收益。各种金融工具的收益与风险呈正相关关系,高收益的金融工具往往风险也高,低收益的金融工具往往风险亦低。

各种金融工具存在不同的风险与收益,是受不同金融工具的本质特征决定的。货币市场金融工具期限短,如银行活期存款的偿还期几乎为零,因而风险小;而资本市场金融工具期限长,如股票的期限则无限长,故风险大。政府以外的直接融资金融工具发行人的信用度不如银行等金融机构,因而信用风险相对大;反之,间接融资金融工具风险就小得多。金融工具表现出来的风险与收益的对应关系,是由债权人或投资者的心理和行为决定的,在收益相同的情况下,债权人或投资者绝对不会选择高风险的金融工具。为了追求较大的收益,投资者必然要承担更高的风险。

2. 证券市场与风险

证券市场可能会遇到的风险主要有以下三种。

(1)市场价格波动风险。无论是成熟的股市,还是新兴的股市,价格波动的风险都是存在的。因为波动是股市的本质特征,是不可避免的。但在新兴股市,价格波动大,风险也大。在大的价格波动中,盲目的股票买卖往往给投资者特别是短线投资者带来巨大损失,尤其是在高位跟进的个人投资者可能长期得不到解套减亏的机会。

(2)上市公司经营风险。证券市场交易的股票本身没有使用价值,仅仅具有交换价值,其交换价值的大小由上市公司的经营业绩决定。然而,上市公司本身的经营是有风险的,经营业绩有很大的不确定性。在中国亏损的上市公司不乏其例,净资产收益率达不到同期银行1年期存款利率的更不是少数,这将直接影响其股票的市场价格。有的上市公司公布业绩后,股票价格连续几个跌停板,就是上市公司经营风险造成的。

(3)政策风险。政策风险在新兴股市表现得尤为突出。首先作为新兴市场,从试点到规范运作,有一个政策、法规出台和调整的过程。每一项政策、法规的出台或调整,对证券市场都会有一定的影响,有的甚至会产生很大的影响,从而引起市场的较大波动。其次,经济政策调整,如银行利率的提高或下调、产业或区域政策的调整、税率的变化等,这些经济政策调整的本意不是针对股市,但对股市却有较大的影响,股票价格有可能出现较大幅度的上涨或下跌,政策风险也就显示出来了。

3. 证券市场风险的防范

对投资者进行风险教育,是指通过各种行之有效的途径和方式,让投资者掌握证券市场的投资知识,提高风险意识,增强防范风险和承受风险的能力。

(1)风险教育是保护投资者利益的需要。保护投资者的利益,是中国证券市场发展与监管的重要内容。保护投资者利益,一方面要靠规范运作,防止市场过度投机,避免市场大起大落,减少投资者相应的损失;另一方面则有赖于加强风险教育,提高投资者自身防范风险和抗风险的能力。这是因为中国证券市场还是一个新兴市场,市场发育与市场监管都还不成熟,影响市场的不确定性因素很大,从而加剧了市场风险。如果投资者缺乏风险意识和防范风险的能力,就会被市场波动和各种真假信息、市场传言搞得晕头转向,一有风吹草动,就会惶恐不安,不知所措。这一方面可能使一些投资者错过了难得的投资机会,另一方面也可能造成较大的经济损失,甚至引起心理失衡,由此产生不良的后果。因此,从保护投资者的利益出发,风险教育势在必行。

(2)风险教育是帮助投资者了解和认识市场的需要。据统计,在中国现有个人投资者中,对证券市场的了解甚少,认识就更有限。许多投资者不懂得投资的技巧与方法,更不会作宏观分析、企业分析、市场分析,轻信市场传言,盲目跟风,追涨杀跌,这就大大增加了入市的风险性。风险教育的目的就在于帮助投资者了解市场,认识市场。让投资者懂得证券市场投资的基本规则,学会分析、判断与操作的方法,提高风险意识,增强防范风险的能力,做一个理性的、成熟的、高素质的投资者。

(3)风险教育是保证证券市场健康发展的需要。证券市场是以承受高风险、追求高收益为驱动力的,极易诱发冒险之风。证券市场风险的积聚和爆发,会极大地损害证券市场的健康发展。1929年10月前的美国纽约股市,个人投资者蜂拥入市,机构投资者兴风作浪,掀起了一场疯狂的投机浪潮,投资者用自己的冒险投机行为推动了股票暴涨,累积了日益增大的市场风险,结果导致了股灾的发生,不仅使投资者的损失极为惨重,而且美国股市也几乎崩溃。因此,对投资者进行风险教育,培养理性投资,减少投资风险,有利于减少和化解市场风险,从而有利于保证证券市场的健康发展。

第三节 证券市场法规与监管

一、证券市场法律制度的内容

证券市场法律制度主要包括证券发行制度、信息披露制度、证券交易制度、证券机构监管制度、禁止证券欺诈行为制度和证券法律责任制度等。

1. 证券发行制度

证券监管机关对证券发行的审核管理,是证券法律制度的重要内容之一。在我国《股票发行与交易管理暂行条例》所提出的证券发行审核体制,是在充分认知中国国情、广泛吸收国际惯例基础上确立的、具有中国特色的发行审核制度。

2. 信息披露制度

它是管理证券市场的重要手段,是证券市场贯彻公开原则的具体体现,是保护投资者、促使上市公司走向规范化的重要保障。根据《股票发行与交易管理暂行条例》的有关规定,股份有限公司公开发行股票或其股票在证券交易场所交易,必须公开披露信息。

3. 证券交易制度

中国证券交易只能在法定交易所进行,上海证券交易所和深圳证券交易所是经国家批准成立的合法交易所。国家依法对证券交易所实施监督管理,《证券交易所管理办法》的出台,是中国在证券交易市场规范化建设中迈出的重要一步。

4. 证券经营机构和证券专业服务机构的监管制度

为加强对证券经营机构的管理,目前中国制定了相关的法律法规,对证券经营机构的审批程序,证券经营机构从事股票承销、自营业务的资格确定以及从业人员的资格管理作出了规定。对证券专业服务机构,国家也制定了相关的法规和条例进行监管。

5. 禁止证券欺诈行为制度

证券市场是以公开、公平、公正为原则的市场,所有投资者都应以平等的地位参与证券投资。在证券市场中贯彻诚实信用原则,禁止证券欺诈行为,具有重要意义。禁止证券欺诈行为是中国证券法律制度的一项重要内容。《股票发行与交易管理暂行条例》《禁止证券欺诈行为暂行办法》《中华人民共和国刑法》(2015 年修正)等对证券欺诈行为的种类、表现形式以及处罚等都作了明确的规定。

6. 证券法律责任制度

它是证券市场法律制度的重要内容。法律责任是法律制度中不可分割的组成部分,它在法律制度框架内处于相当重要的地位。证券法律责任是指证券市场行为主体对其行为所应承担的法律后果。根据行为主体行为的性质及违法的程度,其应承担的法律责任通常分为三种,即民事责任、行政责任和刑事责任。有关这三种法律责任的规定明确写在中国所有的证券法律制度中,如中国《股票发行与交易管理暂行条例》第 77 条规定:"违反本条例规定,给他人造成损失的,应当依法承担民事赔偿责任。"该条例第 78 条规定:"违反本条例规定,构成犯罪的,依法追究刑事责任。"中国的证券法律制度以《中华人民共和国证券法》(2015年修订)的内容为核心,辅之以《中华人民共和国公司法》(2013年修订)的相关内容以及相关的行政法规、部门规章及规范性文件构成。

二、证券市场的监管

1. 证券市场的监督模式

证券市场的监管是国家金融监管体系的重要组成部分。由于各国证券市场发育程度不同,政府宏观调控手段不同,因此各国证券市场的监管模式也不一样。概括起来,主要有以下两种类型。

(1)国家集中统一监管模式。在这种模式下,由政府下属的部门,或由直接隶属于立法机关的国家证券监管机构对证券市场进行集中统一监管,而各种自律性组织,如证券交易所、行业协会等只起协助作用。集中统一监管模式以美国、日本、韩国、新加坡等为代表。美国根据1934年《证券交易法》设立了证券交易管理委员会,它直接隶属于国会,独立于政府,对全国的证券发行、证券交易、券商、投资公司等依法实施全面监管。日本的证券主管机关是大藏省,具体执行职能则由隶属于大藏省的证券局、证券交易监视委员会和金融检查部行使。

集中监管体制具有如下优点:①能公平、公正、高效、严格地发挥其监管作用,并能协调全国各证券市场,防止出现过度投机的混乱局面;②具有统一的证券法规,使证券行为有法可依,提高了证券市场监管的权威性;③监管者地位超脱,更注重保护投资者的利益。

集中监管的不足之处是:①证券法规的制定者和监管者超脱于市场,从而使市场监管可能脱离实际,缺乏效率;②对市场发生的意外行为反应较慢,处理可能不及时。

(2)自律模式。自律模式有两个特点:①通常没有制定直接的证券市场管理法规,而是通过一些间接的法规来制约证券市场的活动;②没有设立全国性的证券管理机构,而是靠证券市场的参与者,如证券交易所、证券商协会等进行自我监管。英国、德国、意大利、荷兰等国是自律模式的代表。以英国为例,英国没有证券法或证券交易法,只有一些间接的、分散的法规,英国虽然设立了专门的证券管理机构,称为证券投资委员会,依据法律享有极大的监管权力,但它既不隶属于立法机关,也不隶属于政府内阁,实际监管工作主要通过以英国证券业理事会和证券交易所协会为核心的非政府机构进行自我监管。

自律模式具有如下优点:①能充分发挥市场的创新和竞争意识,有利于活跃市场;②允许证券商参与制定证券市场监管规则,从而使市场监管更切合实际,制定的监管法规具有更大的灵活性,效率较高;③自律组织对市场发生的违规行为能作出迅速而有效的反应。

但是,自律模式也存在缺陷,主要表现在:①通常把重点放在市场的有效运转和保护证券交易所会员的经济利益上,对投资者的利益往往没有提供充分的保障;②由于没有立法作后盾,监管手段较软弱;③由于没有统一的监管机构,难以实现全国证券市场的协调发展,容易造成混乱。

由于这些原因,不少原来实行自我监管的国家,现已开始逐渐向集中监管模式转变。例如,1996年英国政府宣布,要彻底改变证券市场的传统监管方式,加强政府监管力量。其他一些实行自律模式的国家,如德国、意大利、泰国、约旦等,也开始走向集中监管模式。

2. 世界主要国家的监督机构的运作

世界各国对证券市场监管的目标主要有三个:①充分运用和发挥市场机制的积极作用,限制其消极影响;②防止人为操纵市场,禁止证券欺诈等不法行为,增强投资者的信心,保护投资者的利益;③引导居民将储蓄转化为投资,促进经济发展和社会稳定。实现监管目标的方法就是对证券市场参与者进行多层次、多方面、多渠道的管理。监管手段主要有经济手段、行政手段和法律手段。

从世界主要发达国家的监管体制看,因各国证券市场发展的历程及所在国政府对经济运行的调控方式以及受其他国家或地区监管模式的影响程度不同,监管体制有着不同的特点,监管机构的运作也有明显的差别,下面主要概述美国、英国、日本、德国等国家的监管体制及其运作。

(1)美国。它是集中立法管理体制的典型代表。美国对证券市场的管理有一套完整的法律体系,其证券管理法规主要有1933年的《证券法》、1934年的《证券交易法》、1940年的《投资公司法》等。在管理体制上,实行以"证券交易管理委员会"为全国统一管理证券经营活动的最高管理机构。同时,成立"联邦交易所"和"全国证券交易协会",分别对证券交易所和场外证券业进行管理,形成了以集中统一管理为主,辅以市场自律的较为完整的证券管理体制。

在证券管理上注重公开原则,对证券市场的监管主要以法律手段为主。如对证券交易的监管,主要依据1934年《证券交易法》中的反垄断条款,反欺骗、假冒条款和反内部沟通条款进行,对违法者的处罚主要采取刑事处罚。值得注意的是,美国已开始重视行政手段的运用。1990年11月,美国国会通过了证券市场改革方案,1991年3月由布什总统签署生效,其主要内容是加强证券市场管理部门的权力。改革方案的目的是以行政手段创造一个较公平的投资环境,增强中小投资者的信心。

(2)英国。与美国的"集中立法"管理体制不同,英国实行的是"自我管理"(或称"自律管理")体制。其主要特点是政府对证券市场的管理实行以自律管理为主,辅以政府有关职能部门实施监督管理的体制。

英国证券自律管理系统,主要由"证券交易所协会""股权转让与合并专业小组"和"证券业理事会"组成。其中,证券交易所协会是英国证券市场的最高管理机构,主要依据该协会制订的《证券交易所管理条例和规则》来运作。自律管理的主要内容有:①市场参与者规定。证券交易所对其成员——经纪商和交易商实行广泛的监督,包括会计监督、财务监督、审计和定期检查。②上市规定。证券交易所规定了批准证券上市和在证券交易所买卖的条件。这些条件主要体现在《证券上市的批准书》中,主要有"批准要求"和"上市协议"两个规定。已持续的信息公开规定,也称持续的公示规定。按"上市协议"规定,在证券交易所上市的证券应广泛遵守持续公示规定。

政府有关部门的监督管理系统。如英格兰银行(英国中央银行)负责监督管理商业银行的证券部等;贸易工业部负责监督管理保险公司;证券投资委员会(SIB)负责注册、管理证券公司。

立法管制。尽管英国证券业实行与其他西方国家(如美国)所不同的自我管理制度,但立法管制也是政府管理证券市场的手段之一。英国制订的一系列不同的证券法案和与证券业相关的法案既是自我管制的指导,也是自我管制的补充,这些法案有1953年的《反欺诈(投资)法》、1948年和1967年的《公司法》、1973年的《公平交易法》和1988年的《财务服务法案》等,这些法案对证券交易行为、股份公司行为、内幕交易行为等方面都作了规定。

(3)日本。日本实行以大藏省证券局、证券交易审议会、证券交易监视委员会、日本银行(中央银行)等机构为主体的证券管理体制,同时辅以证券业协会、公司债券承兑协会、证券投资信托协会和证券情报中心等团体的自律管理体制。其特点是在参照美国证券管理模式的基础上,遵循"公开原则",加强政府行政直接或间接参与证券市场的指导和干预,且管理更集中、更严格。

日本十分重视立法管理。其证券法规主要有《商典法》《公司法》《证券交易法》《证券投资信托法》《外国证券公司法》《外汇和外贸管理法》《担保债券信托法》以及有关行政规章制度和自律机构章程等。

尽管日本实行的是以大藏省证券局为主体的管理体制,对证券市场的管理也采用法律手段、经济手段和行政手段等方法;但与美国以法律手段为主不同,日本证券监管机构更倾向于采用行政指导和直接干预的方式来管理,如日本中央银行对证券市场的管理主要采取直接或间接的行政指导和干预的办法。

(4)德国。对证券市场的管理实行联邦政府制度和颁布证券法规,各州政府负责实施监督管理与以交易所委员会、证券审批委员会和公职经纪人协会等自律管理相结合的证券管理体制。该体制比较强调行政立法监督管理,又相当注意证业者的自律管理。德国对证券业的管理监督,主要通过地方政府组织实施,但其州政府尽可能不采取直接的控制和干预,在很大程度上依靠证券市场参与者的自我约束和自律管理。

德国州政府对证券的管理主要体现在,州政府有权批准证券交易所董事会制定的证券交易所条例;任命公职经纪人;批准建立和撤销当地的证券交易所;由州政府任命一名专员,监督交易所对有关证券法规和条例的实施;对银行为客户代理买卖证券的行业进行监督管理等。尽管德国有一个比较完整的监管体制和法律体系,但侧重于强调自律和自愿的方式,尤其是对一些法律规章的执行,往往是非强制性的,如证券交易专门委员会1970年颁布的《内幕的交易背景条例》和《交易商和证券顾问条例》等。但其结果是对市场参与者保护不够,这也是德国证券市场管理者受到非议较多的原因。

3. 中国证券市场的监管

中国证券市场的监管模式是"法制、监管、自律、规范",规范是目的,法制是基础,监管和自律是手段。证券市场的规范化是八字方针的核心,而要实现证券市场的规范化,就必须依靠法制、监管和自律,法制、监管和自律围绕实现规范化的目的而展开,具体表现在以下几方面。

第一,规范是目的,是做好证券市场工作的基本出发点,也是八字方针的核心。规范的证券市场,能够引导社会资源用于生产效率较高的经济部门,促进国民经济发展。而一个秩序混乱的证券市场,则可能破坏国民经济的正常发展进程,甚至引起社会动荡。没有规范,也就不可能实现真正的发展。因此,八字方针把证券市场的规范化建设作为核心任务,具有非常重要的意义。

第二,法制是基础,法制建设是保证市场沿着正确轨道健康发展的基本条件。没有规矩,不成方圆。证券市场的建立、规范和发展要以科学完整的法律制度为基础。证券市场是市场经济的一个重要组成部分,必须以法律制度来规定市场参与者的权利和义务,约束各种危害社会整体利益的行为,维护正常的市场秩序。没有健全的法律制度,证券市场只能处于盲目无序状态,不可能健康发展。

第三,监管和自律是手段,国家监管和行业自律是证券市场法制能够得到落实的根本保障。有规矩而不依,法制就成为空话,规范也无从谈起,国家监管和行业自律相互补充,共同作用。各国证券市场的发展经验表明,为了有效地控制风险,推动证券市场的健康发展,需要一个强有力的监管机构对市场实行有效管理。中国证券市场发展时间短,法制不完善,市场参与者不成熟,证券监管的重要性也就更加突出。

在注重法制和国家监管的同时,证券市场还必须强调自律,发挥证券市场组织者、参与者自我管理、相互监督的作用。首先,证券市场参与者众多,运作程序复杂,相关因素广泛,仅靠国家监管机构的监管是不够的,必须要求在证券市场中的所有利益主体,进行相互监督和自我约束;其次,进行自律也是市场组织者和参与者自身利益的需要。

总之,"法制、监管、自律、规范"的八字方针,就是要求在法制的基础上,通过监管、自律达到证券市场规范化的目的,促进中国证券市场健康发展,使之更好地为国民经济的发展服务。

1. 证券市场是如何分类的？它们的特征是什么？
2. 证券市场的法规与监管包括哪些内容？

第四章　证券投资分析

证券投资分析的最终目的是要解决投资活动中所使用的投资资产的保值和增值的问题。因此,在国外成熟的证券市场,证券投资分析可以简单地理解为:理性地、系统地对所投资的证券进行估值的知识体系和技巧运用。

在中国证券市场中,有人认为上市公司运作不规范,企业管理随意性太大,还没有形成理性投资的环境,证券投资分析作用不大。其实不然,证券投资的形象——上市公司,它的发展和演变总体上遵循一定的规律,证券投资分析研究人员的能力和经验积累到足够的程度,可以对行业的发展趋势、行业的基本结构、不同公司之间的竞争关系、企业的可能重组,以及上市公司的发展前景、重大决策、公司法人治理结构、管理模式和产品竞争力等作出有价值的判断,同时,对上市公司进行财务分析、信息披露等研判工作,可以较为准确地对上市公司的股票进行估值,提出可以使用的投资建议。

对于证券投资分析而言,不能简单地理解为是知识体系和技巧,也不能认为是理论的探索,而是一门理论与实践相结合的应用性学科。它最重要的目的是发现和挖掘证券的价值,规避证券投资风险。

第一节　证券投资分析的基本原理

一、证券投资与证券投资过程

1. 证券投资

证券投资是指投资者(法人或自然人)购买股票、债券、基金券等有价证券以及有价证券的衍生品种,以获取红利、利息及资本利得的投资行为和投资过程。证券投资从定义上理解,应包括投资者的行为和活动过程,因此证券投资分析可简单理解为对证券投资行为和活动的过程分析。

证券投资分析是指人们通过各种专业分析方法对影响证券价值和价格的各种信息进行综合分析,以判断证券价值或价格及其变动的行为。它是对证券投资活动的证券投资对象的价值进行判断,同时寻找投资收益目标应该规避的风险,是证券投资过程中不可缺少的一个主要环节。

当然,国外对证券投资分析的论述认为,证券投资分析是以理性、系统的方式对证券进行估值的知识体系。它的根本原则是:从长期来看,一种股票的价格反映了发行公司的经营前景与所在的经济环境。然而,在短期内心理因素常常影响股票价格。譬如美国杰弗·C.胡克在《华尔街证券分析》一书中就指出:证券投资分析就是以理性方式评估股票价值的研究领域。

作为专业的证券投资和一般意义的个人理财是有区别的。专业的证券投资是通过证券投资来获取上市公司盈利,他们所投资的是证券的价值源——上市公司。而个人理财性的证券买卖可以理解为证券投机,因为他们最主要的目的是利用证券市场获取证券买卖的差价,同时获得存续期的红利、利息和利得。专业性的投资和个人理财是不能排除角色互换的。当然,不管它是什么性质和类型,只要是以证券市场的证券作为投资工具,都可以归纳为证券投资活动。

2. 证券投资的过程

证券投资过程应该包括五个基本步骤(图4-1)。

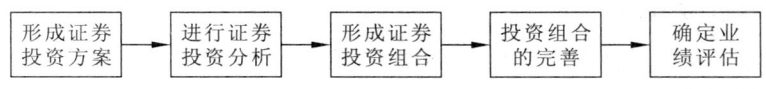

图4-1 证券投资过程图

第一步,形成证券投资方案。证券投资方案是决策的基础,需要决定投资目标和可投资资金的数量。而投资目标的确定需要考虑风险和收益,同时需要确定投资者最终可能的投资组合中所包括的金融资产的类型特征,这一特征是以投资者的投资目标、可投资资产的数量和投资者的税收地位为基础。

第二步,进行证券投资分析。证券投资分析阶段,对第一步涉及到的投资品种和投资组合的具体特征进行考察分析,目的是明确所投资的证券品种的价格形成机制和影响其价格波动的诸因素,同时发现那些价格偏离价值的证券。

第三步,形成证券投资组合。证券投资组合构建阶段,需要关心的是确定具体的投资资产和投资者的资金对各种品种的投资比例,重点是证券品种的选择、投资时机的选择和多元化等问题。投资品种选择是建立在可以预测所选择证券品种的价格走势与波动情况的基础上,投资时机选择涉及到预测和比较不同类型的证券品种的价格走势和波动情况,而多元化是指根据一定的现实条件,组建一个在一定收益条件下风险最小的资产组合。

第四步,投资组合的完善。组合修正阶段,是在时间或投资对象发生变化后,以前的证券投资组合不再是最优的状况,需要卖出或买入一些证券来形成新的组合。这种过程取决于交易的成本和修改后投资业绩前景改善幅度的大小。

第五步,确定业绩评估。业绩评估阶段根据投资者的风险承受能力和投资的回报率,需要定期评价投资的表现。当然,需要有衡量收益与风险的相对标准(或称基准)。

以上的五步理论是理性化的,不是证券投资活动中必须完成的内容。譬如一个投资者拿出1万元人民币去证券市场进行投资,也许就不需要这么繁杂。但如果是运营1000万元人民币资金进行证券投资,也许除以上的五个步骤外,还需要进行证券市场的投资可行性论证。

对于日常的交易而言,证券投资分析很难成为气候。因为成熟的证券市场上,股价的变动主要来自两个方面的原因:第一,市场最终会认同投资者对股票价值的判断;第二,公司经营状况将向投资者预期的方向发展。因此,证券市场分析的作用很难体现其价值。

二、证券投资分析流派与方法

1. 证券投资流派

随着现代投资组合理论的诞生,证券投资分析开始形成了界限分明的四个分析流派,即基本分析流派、技术分析流派、心理分析流派和学术分析流派。

(1)基本分析流派(Fundamental Analysis Schools)是目前西方投资界的主流派别。该派别以宏观经济形势、行业特征及上市公司的基本财务数据作为投资分析对象与投资决策基础,以价值分析理论为基础,以统计方法和现值计算方法为主要分析手段,因此价值成为测量价格合理与否的尺度。基本分析流派认为价格和价值间偏离的调整,是造成证券价格波动的原因。两个假设为:"股票的价值决定其价格""股票的价格围绕价值波动"。因此,价值成为测量价格合理与否的尺度。

(2)技术分析流派(Technical Analysis)是指以证券的市场价格、成交量、价和量的变化以及完成这些变化所经历的时间等市场行为作为投资分析对象与投资决策的基础。技术分析流派以价格判断为基础,以正确的投资时机抉择为依据,经历了直觉化、图形化、指标化、模型化以及研究开发中的智能化决策方式,其演进遵循了一条日趋定量化、客观化、系统化的发展道路。对投资市场的数量化与人性化理解之间的平衡,是其面对的最艰巨的研究任务之一。技术分析理论可以分为以下几类:K线理论、切线理论、形态理论、技术指标理论、波浪理论和循环周期理论。技术分析流派认为市场供求均衡状态偏离会引起证券价格的波动。

(3)心理分析流派(Schools of Psychoanalysis)以个体心理分析和群体心理分析为基础,比如通常所说的"羊群效应"、逆向思维方式等。心理分析流派认为市场心理平衡状态偏离会引起证券价格的波动。个体心理分析基于"人的生存欲望"

"人的权力欲望"和"人的价值欲望"三大心理分析理论进行分析,旨在解决投资者在投资决策过程中产生的心理障碍问题。群体心理分析基于群体心理理论与逆向思维理论,旨在解决投资者如何在研究投资市场过程中保持正确的观察视角问题。

(4)学术分析流派(组合证券投资分析)(Analysis of Academic Genres)是选择价值被低估的股票并长期持有,即在长期内不断吸纳、持有所选定的上市公司股票。其代表人物是格雷厄姆和巴菲特。学术分析流派"按投资风险水平选择投资对象"以"获取平均的长期收益率"为投资目标原则。这是与其他流派最重要的区别之一,其他流派大多以"战胜市场"为投资目标。学术分析流派认为价格与所反映信息内容偏离会引起证券价格波动,其哲学基础是"效率市场理论"。

各投资分析流派对证券价格波动原因的解释可以归纳如表4-1所示。

表4-1 各投资分析流派对证券价格波动原因的解释

分析流派	对证券价格波动原因的解释
基本分析流派	对价格与价值间偏离的调整
技术分析流派	对市场供求均衡状态偏离的调整
心理分析流派	对市场心理平衡状态偏离的调整
学术分析流派	对价格与所反映信息内容偏离的调整

2. 证券投资分析

证券投资分析可以从四个角度进行相关的分析:基本分析、技术分析、心理分析、证券组合分析等。

1)基本分析

基本假设:证券的价格会围绕其价值上下波动。

基本分析实质:又称基本面分析,是指证券投资分析人员根据经济学、金融学、财务管理学及投资学的基本原理,通过对决定证券投资价值及价格的基本要素如宏观经济指标、经济政策走势、行业发展状况、产品市场状况、公司销售和财务状况等的分析,评估证券的投资价值,判断证券的合理价位,从而提出相应的投资建议的一种分析方法。

分析内容:任何金融资产的"真实"或"内在"价值等于这项资产的所有预期收益流量的现值。分析内容包括:宏观经济分析、行业分析与区域分析、公司分析等方面。

(1)宏观经济分析主要探讨各经济指标和经济政策对证券价格的影响。经济指标又分为三类：①先行性指标（如利率水平、货币供给、消费者预期、主要生产资料价格、企业投资规模等），这些指标的变化将先于证券价格的变化；②同步性指标（如个人收入、企业工资支出、CDP、社会商品销售额等），这些指标的变化与证券价格的变化基本趋于同步；③滞后性指标（如失业率、库存量、单位产出工资水平、服务行业的消费价格、银行未收回贷款规模、优惠利率水平、分期付款占个人收入的比重等），这些指标的变化一般滞后于证券价格的变化。除经济指标之外，主要的经济政策有：货币政策、财政政策、信贷政策、债务政策、税收政策、利率与汇率政策、产业政策、收入分配政策等。

(2)行业分析和区域分析是介于宏观经济分析与公司分析之间的中观层次的分析。行业分析主要分析产业所属的不同市场类型、所处的不同生命周期以及产业的业绩对于证券价格的影响。区域分析主要分析区域经济因素对证券价格的影响。

(3)公司分析是基本分析的重点，公司分析主要包括以下三个方面的内容：公司财务报表分析、公司产品与市场分析、公司资产重组与关联交易等重大事项分析。

2)技术分析

技术分析的三个假设：①市场的行为包含一切信息；②证券价格变化沿趋势移动；③历史会重复。

技术分析的实质：从证券市场中过去的市场行为出发，分析和预测证券价格未来变化趋势的方法。关注证券的市场价格、成交量、价和量的变化以及完成这些变化所经历的时间。

分析内容：粗技术分析理论包括 K 线理论、切线理论、形态理论、技术指标理论、波浪理论和循环周期理论。

3)心理分析

心理分析的前提与假设：投资者是"经济人"，同时人具有"生存、权利、存在价值等欲望"。

心理分析法实质：是以投资者的投资心理特征为依据，依据投资者个体存在不同个性心理特征，不同的投资者在进行投资活动过程中，受个性心理特征影响投资决策与行为，不同的个体之间具有不同的投资偏好和投资心理体验，表现在投资风险度的控制、投资品种与时机的选择等方面的差异。

分析内容：个体心理学、群体心理学和社会心理学的理论。

4)证券组合分析

基本假设：证券投资的不同资产配置会产生不同投资收益。

投资组合实质：是投资者肯定会根据风险和收益的偏好，选择和配置最优的证券组合。证券或证券组合的收益可以用期望收益率表示,风险可以用收益率的方差来衡量,证券收益率服从正态分布。理性投资者的共同特征是在期望收益率既定的条件下选择风险最小的证券,在风险既定的条件下选择期望收益率最高的证券。

分析内容:运用马柯威茨的期望方差模型、夏普(以及特雷诺和詹森)的资本资产定价模型、罗斯的套利定价模型、特征线模型、因素模型等进行定量模型研究。

对于以上四组证券投资分析方法这里只做一个简单的介绍,具体方法分析过程见本书第五章至第八章。

三、证券投资分析

1. 证券投资分析的意义

证券投资分析是证券投资过程中不可或缺的重要组成部分,在投资过程中具有举足轻重的地位。证券投资分析的必要性:规避风险、实施投资决策的依据与前提。

证券投资的目的是净效用(收益带来的正效用减去风险带来的负效用)的最大化。因此,投资回报率的最大化和风险的最小化是证券投资的两大具体目标。由于影响收益回报率和风险的因素很多,其作用机制也很复杂,因此需要通过全面、系统和科学的专业分析,才能客观地把握这些因素及其作用机制,从而作出比较准确的预测。

证券投资分析正是采用了各种分析方法和手段,通过对影响证券回报率和所分析的诸因素进行客观、全面和系统的分析,揭示出作用机制及其规律,用于指导投资决策,从而保证在降低投资风险的同时获取较高的投资回报率。

在国外证券市场的发展过程中,证券投资分析的作用也不是一直存在的。1934年《证券分析》一书的出版,使投资者得以对多种相互竞争资金的证券,采取逻辑而系统的方法进行估值。本杰明·格雷厄姆和大卫·多德使证券投资分析成为职业,他们认为,如果投资者花时间来进行恰当的分析,某些股票就可以成为慎重的投资选择(图4-2)。

我们在进行证券投资分析时要牢记一点:证券投资分析不是万能的良药,不足以推荐或确定出股票的绝对价值,也不能保证投资者的盈利。

2. 证券投资分析的前提

证券投资分析必须承认证券市场的心理因素、投资者的从众行为对股价的影响,分析研究人员作出投资决策需要考虑这些因素,而且相信这些因素只有短期影响力,大部分股票价格会符合对公司潜在经济价值的合理判断。合理判断并不是

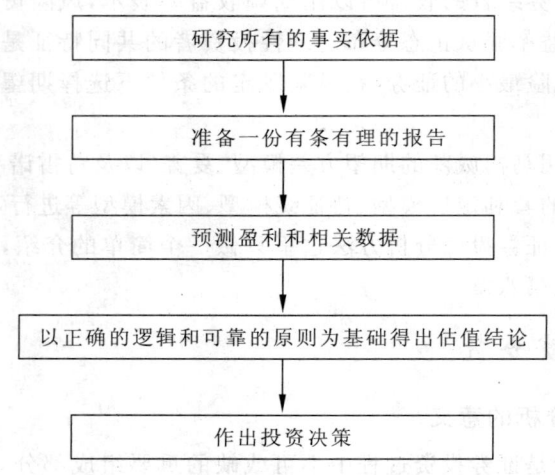

图 4-2 格雷厄姆和多德选股法

绝对的,估值未必是精密的、科学的,而且研究相同事实的理性判断结论肯定存在差异。因此,证券投资分析研究人员必须具备多方面的素质,包括通晓各种证券知识、公司财务、各种行业经营成败的基本因素、整个经济及其主要部分的运作机制以及证券市场波动的特征。他们必须能够挖掘事实,认真评价,并以此恰当地判断和适度地想象得出结论;必须足以抗拒人类的天性,排除从众心理的干扰;必须具备相称的勇气和潜力,能够科学地分析问题,运用科学方法解决证券市场问题(表4-2)。

表 4-2 科学方法在证券市场中的运用

科学方法	证券市场示例
开始:形成一个假设	相似的股票,相近的价格
接着:收集资料,进行观察并检验假设	观察两个类似股票的历史价格变动,判断是否吻合
最后:判断假设的合理性或者预测未来的能力	两个类似的股票迟早会有相近的价格。按照这一结论,投资者寻找有不同价格的相似股票,预测低价股票价格将会上涨,并按照预测价格买入低价股票

此外，他们必须学会分析技巧，能够运用基本估值方法对上市公司进行估值。当然，还要能够对充斥市场的各种信息进行处理。

3. 证券投资分析的信息来源

我们知道，所有的方法和技术是需要原材料的，而证券市场的分析所需要的原材料就是信息。信息在证券投资分析中起着十分重要的作用，是进行证券投资分析的基础。来自各个渠道的信息最终都通过各种方式对证券的价格发生作用，导致证券价格的上升与下降，从而影响证券的投资回报率。因此，获取信息的渠道和手段、对信息的加工方法与技术是证券投资分析的重要内容。而且信息的多寡、质量的高低会影响证券投资分析的效果。一般来讲，证券投资分析的信息主要来自：公布的信息资料、计算机储存资料、实地收集资料。

这些信息主要来自公开渠道（各种书刊、报纸、杂志、其他出版物以及电视、广播、网络等媒体）、商业渠道、实地访查、其他渠道等。这些信息来自政府部门，政府部门是国家宏观经济政策的制定者，是信息发布的主体，是中国证券市场上有关信息的主要来源。中国对证券市场产生影响的政府部门包括国务院、中国证券监督管理委员会、财政部、中国人民银行、国家发展和改革委员会、商务部以及国家统计局。同时，证券交易所（上海、深圳）、上市公司、中介机构（证券经营机构、证券投资咨询机构、证券登记结算机构以及可从事证券相关业务的会计师事务所、资产评估事务所、律师事务所、信用评级机构等）、媒体（书籍、报纸、杂志、其他公开出版物，以及电视、广播、互联网等）和其他信息也对证券交易市场有着重要影响。

信息的收集、分类、整理和保存是进行证券投资分析最基础性的工作，是进行证券投资分析的起点。分析研究人员最终所提供的分析结论是否准确可行，除了与采用的分析方法和分析手段有关外，更重要的是取决于占有信息的广度和深度。

因此，在证券投资分析过程中，花费在收集、整理、研判、加工、处理各种信息上的时间和精力是最大的。由于证券市场的信息是价值的源泉，因此对证券市场信息的披露和管理是一个非常重要的内容。

4. 证券投资分析的主要步骤

证券投资分析在投资活动中的作用是十分重要的，决定着投资的成败。分析结论的正确程度取决于：信息的多寡和真实程度；采取的分析方法与手段的合理性和科学性；分析过程的合理性和科学性。

一般而言，比较合理的证券分析应该包括以下环节。

（1）资料的收集与整理。其主要工作包括：通过信息来源的各种渠道收集各种各样的信息资料；按照不同的分类标准对收集的信息进行分类归纳；进行信息保存和使用管理等工作。

(2)基本分析方法选择。其主要工作包括:根据研究主题和分析方向确定所需的信息资料;利用证券投资分析的专门方法与手段,对占有的资料进行仔细分析;得出其有关指标与证券价格之间相互关系的正式结论。

(3)实地考察与调研。根据研究分析的主题,到实际工作部门或企业(公司)等单位进行实地的考察调研。其目的是收集一线的信息资料,将阶段性分析结论进行调查核实。

(4)进行估值计算。证券投资分析需要对证券的估值模型进行计算,没有数据和指标体系的分析不能支撑投资活动的决策,也是没有意义的。通过开展各种工作以后,需要对估值模型和指标进行调整,计算出投资的证券品种的价值,并利用所计算出来的价值与价格进行偏差比较。

(5)分析预测结论的产生。将分析结论通过书面的形式反映出来,报告内容通常包括:研究分析主题;所使用资料和数据的来源与种类;采用的分析方法和手段;形成分析结论的理由;所得出的分析结论和建议;分析结论和建议的适用期限;报告提供者或撰写者;分析报告的形成日期。

5.证券投资分析中易出现的失误

证券投资分析不是万能的,对证券的价值与投资机会的判断是建立在证券投资分析的研究人员个人素质和研究能力上的,作为一个证券投资分析的研究人员,在进行证券投资分析过程中也存在许多局限性。这些局限性表现在:忽略风险、忽略交易成本、未考虑股利、采用不实用的系统、配合不合逻辑、直观比较误导、事后选择的偏差等。

6.证券投资分析中容易忽略的因素

证券投资分析研究人员在对证券进行估值和判断时,对于市场的变化过程中的投资分析容易忽略的因素包括:潜在风险、交易成本、股利分配、经济趋势、经济政策、公司管理。

四、证券投资的风险

1.风险投资

风险是指投资本金损失或预期收益减少的可能性。而证券的不确定性是风险的根源,不确定性是来自影响证券价值的各种因素和指标的变化。这些变化来自不同的渠道和诱因。投资风险可以划分为以下两类。

系统性风险:是由于公司外部不为公司所预计和控制的因素造成的风险。它包括政策性风险、利率风险、信用交易风险、汇率风险、通货膨胀风险、市场风险等因素。

非系统性风险:是指股份公司自身由于某种原因而引起的证券价格下跌的可能性,它只存在于相对独立的范围,或者是个别行业中,它来自企业内部的微观因素。它包括企业的经营风险、企业财务风险、企业道德风险、流动性风险、交易风险、证券投资价值风险、证券投资的价格风险等因素。

证券投资风险的特殊性表现在证券的本质决定了证券价格的不确定性,如股票价格受到利率、汇率、通胀率、所属行业前景、经营能力及市场参与各方的心理等多种不确定因素的影响;证券投资心态影响证券价格的波动;同时证券投资风险具有难以控制性。

2. 证券投资风险的防范

对于证券的风险,从理论上来说是没有什么方法可以消除的。但从管理角度来说,可以降低或规避投资风险,通常采取以下措施:健全法律制度、完善监管措施、交易中介的自律管理等。

第二节 有价证券的价格决定

一、债券的价格决定

1. 影响债券定价的因素

影响债券定价的内部因素有以下几种:

(1)期限的长短。一般来讲,债券期限越长,其市场价格变动的可能性就越大。

(2)息票利率。债券的票面利率越低,其价格的易变性也就越大。市场利率的涨跌也会对债券的价格带来波动。

(3)提前赎回规定。提前赎回条款是债券发行人所拥有的一种选择权,允许他们在债券到期前按约定的赎回价格部分或全部偿还债务。

(4)税收待遇。一般来讲,免税债券的到期收益率比类似的应纳税债券的到期收益率低。此外,税收还以其他方式影响着债券的价格和收益率。

(5)市场性。市场性是指债券可以迅速出售而不会导致实际价格损失的能力。市场性好的债券比市场性差的债券具有较高的内在价值。

(6)发行主体的信用程度。指债券发行人按期履行合约的义务,足额支付本息的可靠程度。影响债券定价的外部因素有:银行利率、市场利率、其他因素(通货膨胀水平和外汇汇率风险)。

2. 债券的定价原理

如果一种附息债券的市场价格等于其面值,则到期收益率等于其票面利率;如果债券的市场价格低于(或高于)其面值(指债券贴水出售),债券的到期收益率则高于(或低于)票面利率。债券价格、到期收益与票面利率之间的关系如下:

票面利率＜到期收益率──→债券价格＜票面价值

票面利率＝到期收益率──→债券价格＝票面价值

票面利率＞到期收益率──→债券价格＞票面价值

如果一种债券的市场价格上涨(或下跌),其到期收益率则必然下降(或上涨)。

如果债券的收益率在整个期限内没有发生变化,债券的价格折扣或升水则会随着到期日的接近而减少,或者说,其价格日益接近面值。

如果一种债券的收益率在整个期限内没有变化,其价格折扣或升水则会随着债券期限的缩短而以一个不断增加的比率减少。债券收益率的下降会引起债券价格的提高,债券价格提高的金额在数量上会超过债券收益率以相同幅度提高时所引起的价格下跌的金额。

如果债券的息票利率较高,则因收益率变化而引起的债券价格波动的百分比会小(这一原理不适用于1年期债券或终生债券)。

3. 收益率曲线与利率的期限结构

债券的利率期限结构是指债券的到期收益率与到期期限之间的关系。以下三个因素可以影响期限结构的形状:①对未来利率变动方向的预期;②债券预期收益中可能存在的流动性溢价;③市场效率低下或者资金从长期(或短期)市场向短期(或长期)市场流动可能存在的障碍。

利率期限结构理论就是基于这三种因素分别建立的,主要包括市场预期理论、流动性偏好理论、市场分割理论。

(1)市场预期理论,又叫"无偏预期"理论。它认为利率期限结构完全取决于对未来利率的市场预期。远期利率(指某种债券从现在起到一定时间之后的收益率)在量上等于未来相应时期的即期利率,长期债券是短期债券的理想替代物,长短期债券取得相同的收益率,即市场是均衡的。

(2)流动性偏好理论。它不认同长期债券是短期债券的理想替代物,投资者在接受长期债券时会要求对他接受的与债券的较长的偿还期限相联系的风险给予补偿。这种补偿就是流动性溢价的存在。流动性溢价便是远期利率和未来的预期即期利率之间的差额。因此,收益率曲线的形状是由对未来利率的预期和延长偿还期所需的流动性溢价共同决定的。

(3)市场分割理论。市场预期理论和流动性偏好理论,都假设市场参与者会按照他们的利率预期从证券市场的一个偿还期部分自由地移到另一个偿还期部分,而不受任何阻碍。而市场分割理论认为,在贷款或融资活动进行时,贷款者和借款者并不能自由地在利率预期的基础上,将债券从一个偿还期部分替换成另一个偿还期部分,或者说,认为市场是低效的。这样它就将市场划分为:短期资金市场和长期资金市场。

4. 债券的基本价值评估

假设债券肯定能够全额和按期支付本息,而且通货膨胀的幅度可以精确地预测出来,从而使对债券的估价可以集中在时间的影响上。

货币的时间价值是指使用货币按照某种利率进行投资的机会是有价值的,因此未来值与现值之间的差额是利息收入。

收入的资本化定价方法认为,任何资产的内在价值都是在投资者预期的资产可获得的现金收入的基础上进行贴现决定的。运用到债券上,债券的价格等于来自债券的预期货币收入的现值。在确定债券价格时,需要知道估计的预期货币收入和投资者要求的适当收益率(称必要收益率)。

债券的预期货币收入不外乎两个来源:息票利息和票面额。债券的必要收益率一般是比照具有相同风险程度和偿还期限的债券的收益率得出的。

在最简单的债券价格决定中,也就是对于一次还本付息的债券来说,其预期货币收入是期末一次性支付的利息和本金,必要收益率可参照可比债券得出。

如果债券按单利计算,并且一次还本付息,其价值公式为:

$$V = M\frac{1+in}{1+rn} \tag{4-1}$$

如果债券按照复利计息、复利贴现,其价值公式为:

$$V = M\frac{(1+i)^n}{(1+r)^n} \tag{4-2}$$

式中:M 为票面值;i 为每期利率;V 为债券的价值;r 为必要收益率;n 为债券期限。

债券的基本估价方式有以下两种。

(1)一年付息一次的债券估价公式。对于普通的按期付息的债券来说,其预期货币收入有两个来源:到期日前定期支付的息票利息和票面额。其必要收益率也可参照可比债券确定。因此,对于一年付息一次的债券来说,其价值公式如下。

如果按单利计算,其价值决定公式为:

$$V = \sum_{t=1}^{n} \frac{C}{1+rt} + \frac{M}{1+rn} \tag{4-3}$$

如果按复利计算,其价值决定公式为:

$$V = \sum_{t=1}^{n} \frac{C}{(1+r)^t} + \frac{M}{(1+r)^n}$$

$$= \frac{1-(1+r)^{-1}}{r} + \frac{M}{(1+r)^n} \tag{4-4}$$

式中：V 为债券的价值；C 为每年支付的利息；M 为票面值；r 为必要收益率；t 为第 t 次；n 为剩余年数。

(2) 半年付息一次的债券估价公式。对于半年付息一次的债券来说，由于每年会收到两次利息支付，因此在计算其价值时，要对公式(4-3)和公式(4-4)进行修改。

如果按单利计算，其价值决定公式为：

$$V = \sum_{t=1}^{2n} \frac{C/2}{1+rt/2} + \frac{M}{1+rn/2} \tag{4-5}$$

如果按复利计算，其价值决定公式为：

$$V = \sum_{t=1}^{2n} \frac{C/2}{(1+r/2)^t} + \frac{M}{(1+r/2)^{2n}}$$

$$= 2C \frac{1-(1+r/2)^{-2n}}{r} + \frac{M}{(1+r/2)^{2n}} \tag{4-6}$$

式中：V 为债券的价值；M 为票面价值；C 为半年支付的利息；r 为必要收益率；n 为剩余年数乘以 2；t 为第 t 次。

5. 债券定价模型的应用

根据债券定价模型确定债券内在价值以后，可以通过计算债券内在价值与市场价格之间的差距，寻找被高估或低估的债券，从而为投资者进行正确的投资决策提供帮助。

(1) 净现值法。净现值是内在价值与市场价格(成本)之差，即：

$$\text{NPV} = V - P \tag{4-7}$$

式中：P 为 $t=0$ 时购买债券的成本(市场价格)；NPV 为净现值。

如果 NPV>0，意味着内在价值大于投资成本，这种债券被低估，应该购买债券。

如果 NPV<0，意味着内在价值小于投资成本，这种债券被高估，应该卖出债券。

(2) 内部收益率法。内部收益率是指投资净现值等于零的贴现率。如果用 k^* 代表内部收益率，则可得：

$$\text{NPV} = V - P = \sum_{t=1}^{n} \frac{C}{(1+r)^t} + \frac{N}{(1+r)^n} - P = 0 \tag{4-8}$$

通过公式(4-8)可以求出内部收益率 k^*。把 k^* 与具有同等风险水平下的必要收益率(用 k 表示)相比较：如果 $k^*>k$，则该债券被低估，应该购买债券；如果 $k^*<k$，债券被高估，应该卖出债券。

二、股票的价格决定

1. 市盈率估价方法

市盈率,又叫价格收益,是指每股价格与每股收益之间的比率,其计算公式为:

$$市盈率 = 每股价格 / 每股收益 \qquad (4-9)$$

如果我们能分别估计出股票的市盈率和每股收益,那么就能由公式(4-9)估算出股票价格。这种评价股票价格的方法,就是"市盈率估价方法"。

2. 现金流贴现模型

现金流贴现模型有以下三种。

1)基本模型

现金流贴现模型是运用收入的资本化定价方法来决定普通股票的内在价值的。按照收入的资本化定价方法,任何资产的内在价值是由拥有这种资产的投资者在未来时期中所接受的现金流决定的。对于股票来说,这种预期的现金流即是在未来时期预期支付的股利。因此,现金流贴现模型的公式如下:

$$V = \sum_{t=1}^{\infty} \frac{D_t}{(1+k)^t} \qquad (4-10)$$

式中:V 为股票的内在价值;D_t 为在未来时期以现金形式表示的每股股利;k 为在一定风险程度下现金流的合适的贴现率。

在这个公式里,假定在所有时期内贴现率都是一样的,由该公式可以引出净现值的概念。净现值等于内在价值与成本之差,即:

$$\text{NPV} = V - P = \sum_{t=1}^{\infty} \frac{D_t}{(1+k)^t} - P \qquad (4-11)$$

式中:P 为在 $t=0$ 时购买股票的成本。如果 NPV>0(或<0),意味着所有预期的现金流入的现值之和大于(或小于)投资成本,即股票的价格被低估(或高估)。

在股票内在价值的计算中,贴现率的计算是最困难的。每个证券所用的贴现率应当能反映其所承担风险的大小,因而通常可用来计算证券的预期市盈率,并将此预期市盈率作为计算内在价值的贴现率。

2)不变增长模型

不变增长模型可以分为两种形式:一种是股息按照不变的增长率增长;另一种是股息以固定不变的绝对值增长。相比之下,前者比后者更为常见。因此,下面主要对股息按照不变增长率的情况进行介绍。

不变增长模型假定收益率每期以固定的比率增长,且派息率为一常数,记收益增长率为 g_e,则定价公式为:

$$\frac{V}{E_0} = \sum_{t=1}^{\infty} \frac{b_t \prod_{t=1}^{t}(1+g_{ti})}{(1+k)^t}$$
$$= b \sum_{t=1}^{\infty} \frac{(1+g_e)^t}{(1+k)^t} = b \frac{1+g_e}{k-g_e} \tag{4-12}$$

式中：E_0 为当前股票的收益；b_t 为第 t 期的派息率。

3) 零增长模型

零增长模型和不变增长模型对股息的增长率进行了一定的假设。事实上，股息的增长率是变化不定的，因此零增长模型和不变增长模型并不能很好地在现实中对股票的价值进行评估。

(1) 公式。记收益增长率为 g_e，即 $g_0 = g_1 = \cdots = g_\infty = 0$，则定价公式为：
$$V_0 = E_0/k \tag{4-13}$$

式中：V_0 为股票的内在价值；E_0 为在未来每期支付的每股收益；k 为到期收益率。

(2) 内部收益率。零增长模型也可以用于计算投资于零增长证券的内部收益率。首先，用证券的当前价格 P 代替 V，用 k^*（内部收益率）代替 k，零增长模型可变形为：
$$P = E_0/k^* \tag{4-14}$$

事实上，零增长模型的应用似乎受到相当的限制，毕竟假定对某一种股票永远支付固定的股息是不合理的，但在特定的情况下，对于决定普通股股票的价值仍然是有用的。而在决定优先股的内在价值时，这种模型相当有用，因为大多数优先股支付的股息是固定的。

三、其他投资工具的价格决定

1. 金融期货的价值

金融期货合约是约定在未来时间以事先协定的价格买卖某种金融工具的双边合约。在合约中对有关交易的标的物、合约规模、交割时间和标价方法等都有标准化的条款规定。金融期货的标的物包括各种金融工具，如股票、外汇、利率等。

由于期货合约是介于现在和将来之间的一种合约，因此期货价格反映的是市场对现货价格未来的预期。在一个理性的无摩擦的均衡市场上，期货价格与现货价格具有稳定的关系，即期货价格相当于交易者持有现货金融工具至到期日所必须支付的净成本。净成本是指持有现货金融工具所取得的收益与购买金融工具而付出的融资成本之间的差额，也称持有成本。期货的理论价格为：
$$F_t = S_t(1+R) \tag{4-15}$$

式中：R 为从 t 到 T 时刻持有现货的成本和时间价值。

第四章　证券投资分析

2. 金融期权的价值

金融期权是指其持有者能在规定的期限内按交易双方商定的价格购买或出售一定数量的某种金融工具的权利。具体地说，其购买者在向出售者支付一定费用后，就获得了能在规定期限内以某一特定价格向出售者买进或卖出一定数量的某种金融工具的权利。金融期权是一种权利的交易，在期权交易中，期权的买方为获得期权合约所赋予的权利而向期权的卖方支付的费用就是期权的价格。期权价格受多种因素影响，从理论上讲，包括其内在价值和时间价值。

3. 可转换证券

可转换证券是指可以在一定时期内，按一定的比例或价格转换成一定数量的另一种证券（以下简称"标的证券"）的特殊公司证券。可转换证券价格的价值与标的证券的价值有关。

（1）可转换证券的理论价值。它也称内在价值，是指将可转换证券转股前的利息收入和转换时的转换价值按适当的必要收益率折算的限值。

$$P = \sum_{t=1}^{n} \frac{C}{(1+r)^t} + \frac{CV}{(1+r)^n}$$
$$= C \frac{1-(1-r)^{-n}}{r} + \frac{CV}{(1+r)^n} \quad (4-16)$$

式中：P 为可转换证券的理论价值；t 为时期数；n 为持有可转换证券的时期总数；r 为必要收益率；C 为可转换证券每期支付的利息；CV 为可转换证券在持有期期末的转换价值。

（2）转换价值。

$$转换价值 = 标的股票市场价格 \times 转换比例$$

（3）可转换证券的市场价格。当可转换证券的市场价格与可转换证券的转换价值相等时，叫做转换平价。其计算公式为：

$$转换平价 = 可转换证券的市场价格 / 转换比例$$

当可转换证券的市场价格大于可转换证券的转换价值时，叫做转换升水。其计算公式为：

$$转换升水 = 可转换证券的市场价格 - 可转换证券的转换价值$$

当可转换证券的市场价格小于可转换证券的转换价值时，叫做转换贴水。其计算公式为：

$$转换贴水 = 可转换证券的转换价值 - 可转换证券的市场价格$$

4. 股权证

债券和优先认股权的发行有时附有长期认股权证，它赋予投资者以规定的价格(称为认股价格或认购价格)从该公司购买一定数量普通股的权利。为方便说明,假定每张认股权证可购买 1 股普通股。

$$认股权证的理论价值 = 股票的市场价格 - 认股权证的认购价格$$

在实际情况下,认股权证的市场价格要大于其理论价格。认股权证的市场价格超过其理论价格的部分被称为认股权证的溢价,计算公式为:

$$认股权证的溢价 = 认股权证的市场价格 - 理论价格$$
$$= (认股权证的市场价格 - 认购股票市场价格)$$
$$+ 认股价格$$

认股权证具有杠杆作用,其作用表现为认股权证的市场价格要比其认购股票的市场价格上涨或下降的速度快得多。

1. 证券投资分析在证券投资活动中的作用是什么?
2. 证券投资分析的目的和意义是什么?
3. 证券价值的估值模型有哪些?如何计算?
4. 证券价格与价值的关系是什么?
5. 投资风险与管理的内容包括哪些?

第五章　基本分析流派原理与方法

本质：以上市公司的基本财务数据作为证券投资分析基础和进行投资决策的基础

　　理论依据："股票价值决定其价格""股票的价格围绕价值波动"的假设
　　内容及研究范围：宏观经济分析、行业与区域分析、公司分析
　　优点：全面、结论比较简单和可量化
　　缺点：研究时间长、结论精度低
　　适用范围：周期长、成熟的市场、精度不高

　　影响证券市场走势和价格变化的因素，主要有经济、法律、政治、军事、自然、文化等方面。这些因素可以归并为经济因素和非经济因素两大类。

　　经济因素包括宏观经济运行状况、经济体制状况、经济政策状况、商品市场的购销状况、技术进步状况、产业关联状况、企业营运状况、居民（包括农村居民）生活收入状况等。

　　非经济因素包括政治因素、法律因素、军事因素、自然因素、文化因素等。

　　成熟的证券市场，投资者认同上市公司的内在价值决定证券市场股票的市场价格走势。因此，证券投资分析的内容包括以下四个环节（表 5-1）。

表 5-1　股票分析内容

分析内容	主要依据
宏观经济形势变化	国家和政府部门出台的各种政策、法规对证券价值的直接或间接的影响等
资本市场规律	证券市场规模、资金供应状况和投资者的认同程度等因素
行业结构性变化	行业竞争程度和发展周期等
公司经营管理情况	公司的业务指标和财务状况的变化对股票的影响等

第一节 宏观经济分析

宏观经济运行的状态和发展态势是决定证券市场周期变化的根本原因。宏观经济政策是政府调控经济的主要手段，它对宏观经济的增长速度、结构调整乃至行业的增长速度、经济效益都有决定性作用。对宏观经济进行客观的分析、理解政府的宏观经济政策意图、把握经济发展的大方向和周期变化规律、关注经济运行有可能出现的转折点是做出正确的证券投资决策的先决条件。

一、宏观经济对证券市场的影响

国民经济的整体素质、结构变动，不同部门、不同行业与不同企业的相互影响和相互制约，共同作用于国民经济的速度和质量。

国家宏观经济政策影响着证券市场和证券的价值。在市场经济条件下，国家通过财政政策和货币政策来调节经济增长速度，保障经济快速持续的增长，这些政策直接作用于企业，从而影响企业收益。在证券投资领域中，把握住经济发展的大方向，才能作出正确的长期决策，只有密切关注宏观经济因素的变化，尤其是货币政策和财政政策因素的变化，才能抓住市场时机。

因此，分析宏观经济政策，关系到投资者的切身利益，影响到投资对象的价值，对证券业本身乃至整个国民经济的快速健康发展都有其重要意义。宏观经济分析内容和分析手段是比较多的，想知道什么样的方法比较适用或比较有效，就要看方法的应用范围和方法本身的优缺点。

1. 宏观经济分析的主要方法

（1）总量分析法。总量分析法是指对影响宏观经济运行总量的因素及其变动规律进行分析。总量分析主要是一种动态分析，因为它主要研究总量指标的变动规律；同时也包括静态分析，因为总量分析包括考察同一时间内各总量指标的相互关系。总量是反映整个社会经济活动的经济变量，它包括两个方面：一是个量的总和；二是平均量或比例量。

（2）结构分析法。结构分析法是指对经济系统中各组成部分及其对比关系变动规律的分析。结构分析主要是一种静态分析，即对一定时间内经济系统中各组成部分变动规律的分析。如果对不同时期内经济结构变动进行分析，则属于动态分析。

（3）计量经济模型。它反映的是经济变量及其主要影响因素之间的函数关系。它主要有经济变量、参数、随机误差三大要素。在证券投资中进行宏观经济分析，主要运用宏观经济计量模型，研究主要宏观经济指标间的相互依存关系，描述国民经济各部门和社会再生产过程中各环节之间的关系,并可用于宏观经济结构分析、政策模拟、决策研究以及发展预测等功能的计量经济模型。

(4)概率预测。政府调节经济、制定改革措施是主要的经济工作重点。因此,在宏观经济分析时可以运用概率论的方法进行预测。

宏观经济预测比较成功的是短期预测,短期预测是指对实际国民生产总值及其增长率、通货膨胀率、失业率、个人收入、个人消费、企业投资、公司利润及对外贸易差额等指标的下一期水平或变动率的预测。

2. 宏观经济形势的基本变量

(1)经济指标。宏观经济分析可以通过一系列经济指标的计算、分析和比较来进行。经济指标是反映经济活动结果的一系列数据和比例关系。经济指标有三类:一是先行指标,主要有货币供应量、股票价格指数等;二是同步指标,主要包括失业率、国民生产总值等;三是滞后指标,主要有银行商业贷款利率、工商业未还贷款等。

当然,分析时经常会用到国内生产总值(GDP)、国民生产总值(GNP)、国民收入、个人收入、个人可支配收入等经济指标。

(2)宏观经济信息内容。宏观分析内容包括政府的重点经济政策与措施、一般生产统计资料、金融物价统计资料、贸易统计资料、每年国民收入统计与景气动向、突发性非经济因素等。

3. 评价宏观经济形势的相关变量

(1)国内生产总值与经济增长率。国内生产总值是指一定时期内(一般按年统计)在一国国内创造的产品和劳务的价值总量。统计时要将出口计算在内,但不计算进口。准确地说,一国的国内生产总值是指在一国的领土范围内,本国居民和外国居民在一定时期内所生产的、以市场价格表示的产品和劳务的总值。经济增长率也称经济增长速度,它是反映一定时期经济发展水平变化程度的动态指标,也是反映一个国家经济是否具有活力的基本指标。

(2)工业增加值。工业增加值是指工业行业在报告期内以货币表现的工业生产活动的最终成果,是衡量国民经济的主要经济指标之一。测算工业增加值的基础来源于工业总产值,即以货币表现的工业企业在一定时期内生产的已出售或可出售的工业产品总量。它反映一定时间内工业生产的总规模和总水平。

(3)货币供应量、金融机构各项存贷款余额、金融资产总量。

货币供应量是单位和居民个人在银行的各项存款与手持现金的总和,其变化反映着中央银行货币政策的变化,对企业生产经营、金融市场尤其是证券市场的运行和居民个人的投资行为有着重大的影响。

金融机构各项存贷款余额是指某一时点金融机构存款金额(包括企业存款、财政存款、机关团体存款、城乡储蓄存款、农业存款、信托及其他类存款)与金融机构贷款金额(包括工业贷款、农业贷款、商业贷款、建筑业贷款、私营及个体贷款、乡镇企业贷款、固定资产贷款、信托及其他类贷款)。其中,金融机构主要包括商业银行、政策性银行、非银行信贷机构和保险公司。

金融资产总量是指人们手持现金、银行存款、有价证券、保险等其他资产的总和。

(4)失业率。失业率是指劳动力人口中失业人数所占的百分比,劳动力人口是指年龄在16岁以上具有劳动能力的人的全体。失业率的上升与下降是以国内生产总值(GDP)相对于潜在GDP的变动为背景的,而其本身则是现代社会的一个主要问题。当失业率很高时,资源被浪费,人们收入减少。此时,经济问题还可能影响到人们的情绪和家庭生活,进而引发一系列的生活问题。

(5)通货膨胀率。通货膨胀率是指用某种价格指数衡量的一般价格水平的持续、普遍、明显地上涨。通货膨胀对社会经济会产生的重要影响有:收入和财富的再分配;扭曲商品相对价格;降低资源配置效率;促发泡沫经济乃至损害一国的经济基础和政权基础。

(6)利率。或称利息率,是指在借贷期内所形成的利息额与所贷款金额的比率。利率直接反映的是信用关系中债务人使用资金的代价,也是债权人出让资金使用权的报酬。利率,特别是基准利率已经成为中央银行一项行之有效的货币政策工具。

从宏观分析的角度看,利率的波动反映出市场资金供求的变动状况。在经济发展的不同阶段市场利率有不同的表现。经济持续繁荣增长,资金供不应求,利率上升;经济萧条,市场疲软,利率会下降。同时,利率影响着人们的储蓄、投资和消费行为,利率结构影响着居民对金融资产的选择,影响着证券持有的结构。

(7)汇率。汇率是外汇市场上一国货币与他国货币相互交换的比率,即本国货币表示的外国货币的价格。一国的汇率会因为该国的国际收支状况、通货膨胀率、利率、经济增长率的变化而变动。汇率波动又会影响一国的进出口额和资本流动,并影响一国的经济发展。

(8)财政收支。财政收支包括财政收入和财政支出。财政收入是国家为了保证政府职能的需要,通过税收等渠道集中的公共性资金收入。财政支出则是为了满足政府执行职能需要而使用的财政资金。

(9)国际收支。国际收支一般是一国居民在一定时期内与非居民在政治、经济、军事、文化,以及其他往来中所产生的全部交易的系统记录,包括反映一国的贸易和劳务往来状况的经常项目和反映一国利用外资和偿还本金的执行情况的资本项目。这里的"居民"是指在国内居住一年以上的自然人和法人。固定资产投资规模是指一定时期在国民经济各部门、各行业固定资产再生产投入资金的数量。

二、宏观经济分析的主要内容

宏观经济分析的主要内容是分析宏观经济运行和宏观经济政策对证券市场的影响。

1. 宏观经济运行

(1)宏观经济运行影响证券市场。证券市场素有经济晴雨表之称。一方面证券市场是宏观经济的先行指标,另一方面宏观经济的走向决定了证券市场的长期趋势。宏观经济环境对证券市场的影响,既包括经济周期波动这种纯粹的积极因素,也包括政府经济政策及特定的财政金融行为等混合因素。影响证券市场价格的因素有:公司经营效益、居民收入水平、投资者对股价的预期和资金成本。

(2)宏观经济波动引起证券市场波动。宏观经济变动与证券投资可以从GDP变动、经济周期变动、通货变动三方面进行分析。

GDP变动。 国内生产总值(GDP)是一国经济成就的根本反映,从长期来看,在上市公司的行业结构与该国产业结构基本一致的情况下,股票平均价格的变动与GDP的变化是相吻合的。

经济周期变动。 经济周期是一个连续不断的过程,表现为扩张和收缩的交替出现。证券市场全面地反映了人们对经济发展过程中表现出的有关信息的切身感受,反映到投资者的投资行为中,从而影响证券市场的价格。

通货变动。 通货是指中国的法定货币。它的国内购买力水平是以可比物价变动情况来衡量的。通货变动包括通货膨胀和通货紧缩。通货膨胀对证券市场特别是个股的影响,没有规律可循,应具体情况具体分析。通货紧缩将损害消费者和投资者的积极性,造成经济衰退和经济萧条。

2. 宏观经济政策

(1)财政政策。财政政策是政府根据宏观经济规律制定的用来指导财政工作和处理财政关系的一系列方针、准则和措施的总称,是当代市场经济条件下国家干预经济、与货币政策并重的一项手段。

财政政策手段主要包括国家预算、税收、国债、财政补贴、财政管制体制、转移支付制度等。这些手段可以单独使用,也可以配合协调使用。

(2)货币政策。货币政策是指政府为实现一定的宏观经济目标所制定的关于货币供应和货币流通组织管理的基本方针和基本准则。货币政策对宏观经济进行全方位的调控,其作用表现在:通过调控货币供应量保持社会总供给与总需求的平衡;通过调控利率和货币总量控制通货膨胀,保持物价总水平的稳定;调节国民收入中消费与储蓄的比例;引导储蓄向投资的转化并实现资源的合理配置。

货币政策工具,又称货币政策手段,是指中央银行为实现货币政策目标所采取的政策手段。货币政策工具可分为一般性政策工具(包括法定存款准备金率、再贴现政策、公开市场业务)和选择性政策工具(包括直接信用控制、间接信用控制等)。

(3)收入政策。收入政策是国家为实现宏观调控的总目标和总任务,针对居民收入水平高低、收入差距大小在分配方面制定的原则和方针。收入政策最终要通过财政政策和货币政策来实现。

收入政策目标包括收入总量目标和收入结构目标。收入总量控制政策主要通过财政、货币机制来实现,还可以通过行政干预和法律调整等机制来实施。财政机制通过预算控制、税收控制、补贴调控和国债调控等手段来贯彻收入政策。货币机制通过调控货币供应量、货币流通量、货币信贷方向和数量、利息率等来贯彻收入政策。因而收入总量调控通过财政政策和货币政策的传导对证券市场产生影响。

3. 国际金融市场环境分析

国际金融市场按经营业务的种类划分,可以划分为货币市场、证券市场、外汇市场、黄金市场、期权及期货市场,这些市场是一个整体,各个市场相互影响。证券市场仅仅是国际金融市场的一部分,也是国际金融环境的主体力量。

加入WTO后,中国的证券市场将逐步开放。目前人民币没有实现完全自由兑换,同时证券市场是有限度的开放,证券市场是相对独立的,国际金融市场对证券市场的直接冲击较小。随着经济全球化的发展,中国经济与世界经济的联系日趋紧密,国际金融市场的剧烈动荡必将影响中国的证券市场。国际金融市场可以通过人民币汇率直接影响中国的证券市场,或者通过宏观面和政策面间接影响证券市场。

三、股票市场的供求关系

从长期来看,股票的价格由其内在价值来决定,但就中、短期的价格分析而言,股价由供求关系决定,而市场的规模和发展速度受到宏观经济环境的影响。

1. 股票市场供给的决定因素与变动特点

股票市场供给方面的主体是上市公司,上市公司的数量和质量构成了股票市场的供给方。决定上市公司数量的主要因素有:宏观经济环境、制度因素、上市公司质量。

2. 股票市场需求的决定因素与变动特点

股票市场需求,即股票市场资金量的供给,是指能够进入股票市场购买股票的资金总额。影响股票市场需求的主要因素有：宏观经济环境；政策环境（市场准入、利率变动状况、证券公司的增资扩股及融资渠道的拓展、银证合作的前景）；居民金融资产结构的调整；机构投资者的培育和壮大；资本市场逐步对外开放等。

第二节 行业分析与区域分析

一、行业分析

行业是指一个企业群，这个企业群体的成员由于其产品（包括有形和无形）在很大程度上的可互相替代性而处于彼此紧密联系的状态，并且由于产品可替代性的差异而与其他企业群体相区别。

从表5-2可以看出国外对行业进行分析的程序惯例。对于行业的分析包括行业周期性、外部影响因素、供需状况、行业税负状况、产业政策和平均盈利水平等。

表5-2 行业分析示例

行业分类	生命周期阶段、经济周期
外部因素	技术、政府、社会、人口统计、国外
需求分析	最终用户、实际和名义增长率、趋势和趋势的周期性变化
供给分析	行业集中度、行业进入的壁垒、行业容量
获利能力	供给/需求分析、成本因素、定价、国际市场和竞争

（一）行业划分的方法

1. 道·琼斯分类法

道·琼斯分类将行业分为三类：工业、运输业和公用事业。

2. 标准行业分类法

为了便于汇总各国的统计资料并进行对比，联合国经济和社会事务统计局曾制定了一个《全部经济活动国际标准行业分类》（简称《国际标准行业分类》）。它把国民经济划分为10个门类：①农业、畜牧狩猎业、林业和渔业；②采矿业及土、石采掘业；③制造业；④电、煤气和水；⑤建筑业；⑥批发和零售、饮食和旅馆业；⑦运输、仓储和邮电通信业；⑧金融、保险、房地产和工商服务业；⑨政府、社会和个人服务业；⑩其他。

3. 中国国民经济行业的分类

《中华人民共和国国家标准(GB/T475494)》中对中国国民经济行业分类进行了详细的划分。新行业分类采用了线分类法,将社会经济活动划分为门类、大类、中类和小类四级。与此相对应,编码主要采用层次编码法。门类在体系中与大类的联系并不紧密,它的编码与大、中、小类的编码方法独立。具体地说,门类采用了字母顺序编码法,即用 A、B、C…顺次表示门类;大、中、小类依据等级制和完全十进制,形成三层四位数字码的产业类别标识系统。但大类在参与层次编码的同时,又采用了数字顺序编码法,即代码前两位表示大类,从"01"开始依据分类体系的排列次序按升序给大类赋码;代码的前三位和前四位分别表示中类和小类,每层代码从"1"开始编,按升序排列,最多编到"9"。如"82"表示大类"信息、咨询、服务业","822"表示中类"咨询服务业","8223"表示小类"会计、审计、统计咨询服务"。

证券市场的行业划分,证券业协会划分为52个行业(表5-3)。

表5-3　上市公司行业分类标准与国民经济行业分类标准结构对照表

上市公司行业分类标准				国民经济行业分类标准			
大类	次类	中类	小类	门类	大类	中类	小类
A 农、林、牧、渔业	0	6	20	A 农、林、牧、渔业	5	18	38
B 采矿业	0	4	14	B 采矿业	6	15	33
C 制造业	9	34	173	C 制造业	30	169	482
D 电力、燃气及水的生产和供应业	0	4	6	D 电力、燃气及水的生产和供应业	3	7	10
E 建筑业	0	4	2	E 建筑业	4	7	11
F 交通运输、仓储和邮政业	0	10	21	F 交通运输、仓储和邮政业	9	24	37
G 批发、零售业	0	4	19	G 信息传输、计算机服务和软件业	3	10	14
H 文化与信息传播业	0	6	13	H 批发、零售业	2	18	93
I 金融业	0	5	16	I 住宿、餐饮业	2	7	7
G 房地产业	0	4	4	J 金融业	4	16	16
K 社会服务业	0	15	47	K 房地产业	1	4	4
M 综合类	0	2	0	L 租赁和商务服务业	2	11	27

续表 5-3

上市公司行业分类标准				国民经济行业分类标准			
大 类	次类	中类	小类	门 类	大类	中类	小类
				M 科学研究、技术服务和地质勘查业	4	19	23
				N 水利、环境和公共设施管理业	3	8	18
				O 居民服务和其他服务业	2	12	16
				P 教育	1	5	13
				Q 卫生、社会保障和社会福利业	3	11	17
				R 文化、体育和娱乐业	5	22	29
				S 公共管理和社会组织	5	12	24
				T 国际组织	1	1	1
(合计) 12	9	100	335	(合计) 20	95	396	913

(二)行业一般特征

1. 行业的经济结构

行业的经济结构随该行业中企业的数量、产品的性质、价格的制定和其他一些因素的变化而变化。根据经济结构的不同,行业基本上可分为四种市场类型:完全竞争型、垄断竞争型、寡头垄断型和完全垄断型。

(1)完全竞争型。完全竞争型是指众多企业生产同质产品,产品市场价格成为竞争的主要因素。其特点是:①生产者众多,各种生产资料可以完全流动;②产品不论是有形或无形的,都是同质的、无差别的;③没有一个企业能够影响产品的价格,企业永远是价格的接受者而不是价格的制定者;④企业的盈利基本上由市场对产品的需求来决定,生产者和消费者对市场情况非常了解,并可自由进入或退出这个市场。

完全竞争是理论上的假设,其根本特点在于企业的产品无差异,所有的企业都无法控制产品的市场价格。在现实经济中,这种类型是少见的,初级产品的市场类型较相似于完全竞争。

(2)垄断竞争型。垄断竞争型是指许多生产者生产同种但不同质产品的市场情形。其特点是：①生产者众多，各种生产资料可以流动；②生产的产品同种但不同质，即产品之间存在着差异。产品的差异性是指各种产品之间存在着实际或想象上的差异，它是垄断竞争与完全竞争的主要区别；③由于产品差异性的存在，生产者可以树立自己的产品信誉，从而对其产品的价格有一定的控制能力。制成品的市场类型一般都属于这种类型。

（3）寡头垄断型。寡头垄断型是指相对少量的生产者在某种产品的生产中占据很大市场份额的情形。在寡头垄断的市场上，由于少数生产者的产量非常大，因此他们对市场的价格和交易具有一定的垄断能力。同时，由于只有少量的生产者生产同一种产品，因而每个生产者的价格政策和经营方式及其变化都会对其他生产者产生重要影响。因此，在经营活动中存在一个起领导作用的企业，其他企业随该企业定价与经营方式的变化而相应地进行某些调整。资本密集型、技术密集型产品，如钢铁、汽车等，以及少数储量集中的矿产品如石油等市场多属这种类型。因为生产这些产品所必需的巨额投资、复杂的技术或产品储量的分布等因素，所以进入的壁垒和门框限制了新企业的侵入。

（4）完全垄断型。完全垄断型是指独家企业生产某种特质产品的情形。产品没有或缺少相近的替代品的产品。完全垄断可分为两种类型：①政府完全垄断，如国营铁路、邮电等部门；②私人完全垄断，如根据政府授予的特许专营或根据专利生产的独家经营，以及由于资本雄厚、技术专利等建立的排他性的私人垄断经营。

完全垄断市场类型的特点是：①由于市场被独家企业所控制，产品又没有或缺少合适的替代品，因此垄断者根据市场的供需情况制定理想的价格和产量，在高价少销和低价多销之间进行选择，以获取最大的利润；②垄断者在制定产品的价格与生产数量方面的自由性是有限度的，要受到反垄断法和政府管制的约束。

公用事业（如发电厂、煤气公司、自来水公司和邮电通信等）和某些资本、技术高度密集型或稀有金属矿藏的开采等行业属于这种完全垄断的市场类型。

2. 行业发展类型

各行业变动时往往呈现出明显的、可测的增长或衰退的格局。这些变动与国民经济总体的周期变动是有关系的，但关系密切程度又不一样。据此，可以将行业分为以下三类。

（1）增长型行业。增长型行业的运动状态与经济活动总水平的周期及其振幅无关。这些行业收入增长的速率与经济周期的变动不同步，它们主要依靠技术的进步、新产品推出及更优质的服务，从而使其经常呈现出增长形态。

（2）周期型行业。周期型行业的运动状态直接与经济周期有关。当经济处于上升时期，这些行业会紧随其扩张；当经济衰退时，这些行业也相应衰落。例如消费品业、耐用品制造业及其他需求的收入弹性较高的行业，就属于典型的周期性行业。

（3）防御型行业。防御型行业的运动形态是因为产品需求相对稳定，并不受经济周期波动的影响。对行业投资便属于收入投资，而非资本利得投资。当经济衰退时，防御型行业或许会有实际增长。例如，食品业和公用事业属于防御型行业。

3.行业生命周期分析

每个行业都要经历一个由初创到衰退的发展演变过程，这个过程便称为产业的生命周期。行业的生命周期可分为四个阶段，即初创阶段、成长阶段、成熟阶段和衰退阶段（表5-4）。

表 5-4 行业生命周期特征

生命周期阶段	特 征
初创阶段	市场的产品接受度值得怀疑，商业战略的实施并不清晰，存在高风险和许多破产事件
成长阶段	产品已经被接受，业务拓展开始，销售额和盈利加速增长。商业战略的正确实施依然存在问题
成熟阶段	行业趋势与总体经济趋势相同，参与者在稳定的行业中争取市场份额
衰退阶段	消费偏好的改变和新技术的出现使产品的需求逐步减少

（1）初创阶段。在这一阶段行业刚诞生，只有为数不多的创业公司投资于这个新兴的产业。初创阶段产业的创立投资和产品的研究、开发费用较高，投资的风险也较大。产品市场需求狭小，销售收入有限，企业可能不但没有盈利，反而普遍亏损。因此，较高的产品成本和价格与较小的市场需求，使这类企业面临很大的投资风险。

另外，在初创阶段企业还可能因财务困难而引发破产的风险，因此这类企业比较适合投机者，在初创阶段后期，随着行业生产技术的提高、生产成本的降低和市场需求的扩大，行业便逐步由高风险、低收益的初创期转向高风险、高收益的成长期。

（2）成长阶段。在这一时期拥有一定市场营销和财务能力的企业逐渐主导市场，这些企业往往是较大的企业，其资本结构比较稳定，它们能够定期支付股利并扩大经营。

在成长阶段产品经过广泛宣传和消费者的试用，逐渐以其自身的特点赢得了用户的肯定。市场需求开始上升，新行业也随之繁荣起来，与市场需求变化相适应，供给方面相应地出现了一系列的变化。由于市场前景良好，投资厂商大量增加,产品也逐步从单一、低质、高价向多样、优质和低价方向发展。行业内出现了生产厂商和产品之间相互竞争的局面。

随着市场竞争的不断发展和产品产量的不断增加,市场的需求日趋饱和。生产厂商不能单纯地依靠扩大生产量或提高市场份额来增加收入,而必须依靠追加生产,提高生产技术,降低成本,以及研制和开发新产品的方法来争取竞争优势。这对企业提出了更高的要求,即资本和技术力量雄厚、经营管理优良。那些财力与技术力量较弱,经营不善,或新加入的企业则往往被淘汰或被兼并。因而,这一时期企业的利润虽然增长很快,但所面临的竞争风险也非常大,破产率与被兼并率相当高。在成长阶段的后期,由于行业中生产厂商与产品竞争受优胜劣汰规律的作用,市场上生产厂商的数量在大幅度下降之后便开始稳定下来。由于市场需求基本饱和,产品的销售增长率减慢,迅速赚取利润的机会减少,行业开始进入稳定期。

在成长阶段行业虽然仍在增长,但这时的增长度比较有限,而且具有可测性。由于受不确定因素的影响较少,行业的波动也较小。此时,投资者蒙受经营失败而导致投资损失的可能性大大降低,分享行业增长带来收益的可能性大大提高。

(3)成熟阶段。行业的成熟阶段是一个相对较长的时期。在这一时期里,在竞争中生存下来的少数大厂商垄断了整个行业的市场,每个厂商都占有一定比例的市场份额。由于彼此势均力敌,市场份额比例发生变化的程度较小。厂商与产品之间的竞争手段逐渐从价格手段转向各种非价格手段,如提高质量、改善性能和加强售后维修服务等。由于一定程度的垄断,行业的利润达到了很高的水平,而风险却因市场比较稳定、新企业难以进入等因素而较低。

在行业成熟阶段,行业增长速度处于适度的水平,有时整个行业的增长可能会完全停止,其产出甚至下降。由于其资本增长的丧失,致使行业的发展很难较好地保持与国民生产总值同步增长,当国民生产总值减少时,行业甚至会蒙受更大的损失。但是,由于技术创新的原因,某些行业或许实际上会有新的增长。

(4)衰退阶段。这一时期出现在较长的稳定阶段后,由于新产品和大量替代品的出现,原行业的市场需求开始逐渐减少,产品的销售量也开始下降,某些厂商开始向其他更有利可图的行业转移资金,因而原行业出现了厂商数目减少、利润下降的萧条景象。至此,整个行业便进入了生命周期的最后阶段。在衰退阶段厂商的数目逐步减少,市场逐渐萎缩,利润停滞或不断下降。当正常利润无法维持或现有投资折旧完毕后,整个行业便逐渐解体了。

(三)影响行业兴衰的主要因素

对行业生命周期四个阶段的分析只是一个总体状况的描述,不适用于所有行业的情况。行业的实际生命周期由于受技术进步、政府政策及社会习惯的改变等许多因素的影响而变得复杂得多。

1. 技术进步

在众多的技术因素中,最重要的也是首先需要考虑的是产品的稳定性。通过对产品进行稳定性分析,检验产品的性质及技术复杂性,有助于判断产品的未来需求是保持不变,还是可能出现大幅度变化,而历史资料只能说明过去的行业产品需求。例如,仅以一时风行的产品为基础的行业会很快被淘汰。产品性质较稳定的产业,如钢铁工业和化学工业,其产品需求则有着较长期的稳定性。然而,由于价格构成的变动及其产品需求的减少,这些产品需求稳定的行业在不同的年份其获利能力仍有波动。技术进步对行业的影响是巨大的。

2. 政府产业政策

(1)政府影响的行业范围。政府的管理措施可以影响行业的经营范围、增长速度、价格政策、利率和其他方面。政府实施管理的主要行业有:公用事业,如煤气、电力、供水、排污、邮电通信、广播电视等;运输部门,如铁路、公路、航空和管道运输等;金融部门,如银行以及保险公司、商品与证券交易市场、经纪商、交易商等非银行金融机构。

政府实施管理的主要行业都是直接服务于公共利益或与公共利益密切联系的行业。公用事业是社会的基础设施,投资大、建设周期长、收效慢,允许众多厂商投巨资竞相建设是不经济的,因此政府往往通过授予某些厂商在指定地区独家经营某项公用事业特许权的方法来对他们进行管理。

交通运输行业与大众生活和经济发展有着密切的联系。这些行业的服务范围广(国内外运输),涉及的问题多(各地不同的法律、税收和安全规则等),因而有必要由政府统一管理。金融部门尤其是银行部门是国民经济的枢纽,也是政府干预经济的主要渠道之一。它们的稳定关系到整个经济的繁荣和发展,因而是政府重点管理的对象。

(2)政府对行业制定的政策。政府对行业的促进作用可通过补贴、优惠税、限制外国竞争的关税、保护某一行业的附加法规等措施来实现。因为这些措施有利于降低该行业的成本,并刺激和扩大其投资规模。同时,考虑到生态、安全、企业规模和价格因素,政策会对某些行业实施限制性规定,这会加重该行业的负担,如某些法律已经对某些行业的短期业绩产生了负作用。总的来说,政府的干预极大地支持了某些行业的稳定性,否则情况会变得十分混乱。

3. 社会习惯的改变等

随着人们生活水平和受教育水平的提高,其消费心理、消费习惯、文明程度和社会责任感的改变,从而引起对商品的需求变化,并进一步影响行业的兴衰。在基本温饱解决之后,人们更注意生活的质量、消费方式和生活水准的变化,没有污染的天然食品和纺织品备受人们青睐;对健康投资、注重智力投资和丰富的精神生活主导着人们的生活;快节奏的现代生活使人们更偏好便捷的交通和通信工具;可持续发展理论的建立,对工业排放的废渣、废水和废气按照规定的标准处理。所有这些社会观念、社会习惯、社会趋势的变化对企业的经营活动、生产成本和利润收益等方面都会产生一定的影响,足以使一些不适应社会需求的行业衰退,而同时又促进新兴行业的发展。

(四)行业投资的选择

1. 选择的目标

在投资决策过程中,需要将投资的目标和策略与行业的选择结合起来。将增长型的行业和在行业生命周期中处于成长期和稳定期的行业作为主要的候选,同时要仔细研究上市公司所处的行业生命周期及行业特征。增长型行业的特点是增长速度快于整个国民经济的增长率,投资者可享受快速增长带来的较高股价和股息。投资者也不应排斥增长速度和国民经济同步的行业,这些行业的发展一般比较稳定,投资回报虽不及增长型行业,但投资风险相应也小。

对处于生命周期不同阶段的行业的选择上,投资者应选择处于成长期和稳定期的行业,这些行业有较大的发展潜力,基础逐渐稳定,盈利逐年增加,股息红利相应提高,有望得到丰厚而稳定的收益。从原则上说,投资者一般应避免初创期的行业,因这些行业的发展前景尚难预料,投资风险较大。

2. 选择的方法

选择的方法有很多,但比较成熟的有以下两种:一是将行业的增长情况与国民经济的增长速度进行比较,筛选出增长速度快于国民经济的行业;二是利用行业历年的销售额、盈利额等历史资料分析过去的增长情况,并预测行业的未来发展趋势。

利用行业增长比较分析法,分析某行业是否属于增长型行业,可利用该行业的历年统计资料与国民经济综合指标进行对比。具体做法是取得某行业历年的销售额或营业收入的可靠数据并计算出年变动率,与国民生产总值增长率、国内生产总值增长率进行比较。通过比较,可以作出如下判断。

第一,确定该行业的发展类型与发展阶段。如果国民生产总值或国内生产总值连续几年逐年上升,说明国民经济正处于繁荣阶段;反之,则说明国民经济正处于衰退阶段。观察同一时期该行业的销售额是否与国民生产总值或国内生产总值同向变化,如果在国民经济繁荣阶段行业的销售额也逐年同步增长,或者在国民经济处于衰退阶段该行业的销售额也同步下降,说明这一行业很可能是周期行业。

第二,确定行业的增长速度。比较该行业的年增长率与国民生产总值、国内生产总值的年增长率。如果在大多数年份中该行业的年增长率都高于国民经济综合指标的年增长率,说明这一行业是增长型行业;如果行业年增长率与国民生产总值、国内生产总值的年增长率持平,甚至相对较低,则说明这一行业与国民经济增长保持同步或增长过缓。

第三,确定行业在经济活动中的地位。计算该行业各观察年份销售额在国民生产总值中所占的比重。如果这一比重逐年上升,说明该行业增长速度比国民经济的平均水平快;反之,则较慢。

通过以上分析,基本上可以分析出行业的类型。利用行业历年销售额与国民生产总值、国内生产总值的周期资料进行对比,只是说明过去的情况,投资者还需要了解和分析行业未来的增长变化,因此还需要对行业未来的发展趋势作出预测。

二、区域分析

不同的地区由于其经济、资源、社会、人文和自然条件等方面的差异,会对不同行业的企业发展产生影响,因此需要分析其区域经济的结构。

1. 经济区域分析

中国的东、中、西部经济发展极不平衡,这里有历史的原因,也有地理、经济的原因。正由于经济区域发展的不平衡,处于不同区域的产业发展速度和基本特点都会有所不同,因而上市公司所在地的区域因素造成盈利能力和经营成本会出现差异。

改革开放以来,经济的快速发展,各区域经济发展的差距有所变化。从现实情况来看,东部各省市的经济发展速度明显高于中部和西部,而且这一现象还将延续。1980年至1994年的15年间,以现价计算出的国民生产总值平均增长速度,东、中、西部之比分别为199:162:158。该数据说明中、西部的发展速度基本持平,而东部则要高得多。

从自然资源和矿产资源的分布情况来看,中、西部要明显优于东部。西部各种资源占全国的比重,草原资源为95%,森林资源为51%,煤炭资源为50%,各种有色金属矿藏储量高达90%,电量均占50%。而东部相对而言资源比较缺乏,上述资源储藏量分别为3%~8%。

中国东部沿海各省凭借其地域、交通和政策的优势,内引外联,发展贸易,建立乡镇企业和三资企业,从而使经济获得巨大发展。但随着市场的逐渐饱和及竞争的日趋激烈,东部受到劳动力成本提高和原材料匮乏的压力,不得不把目光转向中、西部的资源开发。同样中、西部凭借巨大的资源优势,努力寻求在海内外的发展。政府的政策倾斜和支持也给了中、西部一个极好的机遇。中、西部资源开发将成为今后中国经济持续高速发展的重要基础。从目前来看,中国区域经济发展呈现出以下趋势。

(1)在各地区经济均有较快增长的前提下,东部和中、西部经济的发展差距将继续扩大。但从增长速度来看,中部地区会有所加快。

(2)从政府政策来看,中央仍将坚持综合协调的策略,在保证东部沿海地区高速发展的同时,大力支持中、西部的经济开发。通过增加重大基础性工程投资,如西藏铁路、新疆塔柴盆地石油基地开发等来扶持西部经济。同时在投资和贷款、扩大自主权等方面将给予一些政策上的优惠。

(3)东部将逐步和更大规模地参与中、西部的经济开发,中西部的廉价劳动力、丰富的资源和广大的产品需求市场将为东部的投资提供美好的前景。

(4)中、西部将加大改革开放力度,努力提高自身的发展能力。具体的措施有:加快经济体制改革,以市场原则来管理经济,发展经济,建立公平、公正、公开的市场竞争体制;加大交通、通信等基础设施建设,改善投资环境;广泛吸收海内外资金,共同开发,共同发展;搞好"三线"企业的调整与改造,带动地区经济发展;发挥沿边、沿江优势,努力培育新的经济增长点;加快国有企业的改革,鼓励各种非国有经济的发展,形成多种所有制经济互相竞争并共同发展的良好局面;增加投入,开发耕地资源,创建国内现代化的粮棉果品生产基地。

2. 上市公司的区域格局及其影响

中国国内资金的流向一直存在从北向南和从西向东的趋势,国内的大部分资金集中在以上海为中心的东部地区和以深圳为中心的南部地区。国际资本的流向也不例外。

(1)区域板块效应。股票市场的"板块"效应是中国证券市场的特殊现象,风靡了整个证券市场。股票因为有某一共同特征而被人为地归类在一起。这些特征有的可能是地理上的,如"江苏板块""浦东板块";有的可能是业绩上的,如"绩优板块";有的可能是上市公司经营行为方面的,如"购并板块";还有的是行业分类方面的,如"钢铁板块""科技板块""金融板块""房地产板块"等。他们的股价涨跌会出现类似效应。

(2)"板块"股价联动效应。有很多板块股价具有联动变化的特征,这是因为上市公司的类似性,市场出现板块效应的现象非常常见。

3. 地区分析

(1)地区优势。各个地区都有自身的经济发展特点和优势,如人才、技术、资源、资金、劳动力成本、交通等方面的优势。

(2)发展潜力。每个地区经济发展的起步和发展程度存在差异,发展的政策、战略、税收等影响上市公司的盈利和未来的变化。

(3)行业同质。有时由于各种因素,造成行业结构趋于相同的上市公司比较集中,因此他们各自的产品和市场占有状况关系到他们未来的发展。

(4)信息沟通。信息时代,如果信息方面出现问题,肯定会影响所在区域上市公司的发展。

(5)投资状况。投资状况关系到经济活动的起点。

(6)制度环境。地方的法规、政策及其制度规范和价值取向等将直接影响到上市公司的盈利和运营状况。

第三节 公司分析

公司分析的重点包括:公司竞争地位分析、公司盈利能力及增长性分析、公司经营管理能力分析、公司主要的财务报表及其分析。

公司的概念:从经济学角度来看,公司是指依法设立的从事经济活动并以盈利为目的的企业法人。从法律角度来看,《中华人民共和国公司法》(2015年修订)确定的公司指全部资本由股东出资构成,股东以其出资额所持有股份为限对公司承担责任,公司以其全部资产对公司债务承担责任的依据《中华人民共和国公司法》成立的企业法人。

在投资公司股票之前,必然要有一个系统的收集资料、分析资料的过程。通过对拟投资对象的背景资料、业务资料、财务资料的分析,从整体上多角度地了解企业,才能适当地确定公司股票的合理价格,进而通过比较市场价格与合理定位的差异进行投资决策。公司分析可分为公司基本素质分析和财务分析,其中最重要的是公司财务状况分析。上市公司的财务报表通常被认为是能够发现有关公司信息的工具。在信息披露规范的前提下,已公布的财务报表是上市公司投资价值预测和定价的重要信息来源。

一、公司基本素质分析

1. 公司行业地位分析

公司在本行业中的竞争地位和竞争优势是公司基本素质的重要内容之一。企业在行业内的定位决定了其盈利能力与水平,决定了其自身的竞争地位与优势。衡量的标准是其主要指标在行业中的综合排序和产品的生产占有率。

2. 公司经济区域分析

上市公司的区域分析是借用区域经济学的分析方法,将上市公司的价值分析与区域经济学所研究的内容结合起来进行分析。具体内容包括以下三个方面:

(1)区域内的自然条件与基础条件,包括矿产资源、水资源、能源、交通、通讯设施等方面。

（2）区域内政府的产业政策。区域内政府部门对本区域所制定的经济发展战略和与之对应的产业政策等是影响上市公司发展的主要因素。

（3）区域内的经济特色。经济特色是指区域内经济与区域外经济的联系和互补性、龙头作用及其发展活力与潜力的比较优势，包括区域的经济发展环境、条件与水平、经济发展状况等有别于其他区域的特色，特色在某种意义上意味着优势，利用自身的优势发展区域经济，无疑是在经济发展中找到了很好的切入点。

3. 公司产品分析

（1）产品的竞争优势。产品的竞争优势可分为成本优势、技术优势和质量优势。

成本优势。公司的产品依靠低成本获得高于其他同行企业的盈利能力，是竞争的关键因素。如果公司能够创造和维护全面的成本领先地位，并创造出与竞争对手价值相等或近似的产品，那么它只要将价值控制在行业平均或接近平均的水平，就能获取优于平均水平的经营业绩。一般而言，成本优势可以通过规模经济、专有技术、优惠的原材料、低廉的劳动力、科学的管理、发达的营销网络等实现。而由资本的集中程度决定的规模效益是决定生产成本的基本因素。

技术优势。公司拥有的比其他同行业竞争对手更强的技术实力及其研究与开发新产品的能力，包括生产的技术水平与产品的技术含量。在现代经济中公司新产品的研究与开发能力是决定公司竞争成败的关键因素，因此公司一般都确定了占销售额一定比例的研究开发费用，这一比例的高低往往能决定公司新产品的开发能力。

质量优势。公司的产品以高于其他公司同类产品的质量赢得市场，从而获得竞争优势，而产品的溢价超过其为追求产品的质量优势而附加的额外成本时，公司就获得高于其所属行业平均的盈利。

（2）产品的市场占有情况。公司产品的市场占有情况是衡量公司产品竞争力的一个重要方面，包括公司产品销售市场的地域分布情况和公司产品在同类产品市场上的占有率。

（3）产品的品牌战略。品牌是一个商品名称和商标的总称，它可以用来辨别一个卖者或卖者集团的货物或劳务，以便同竞争者的产品相区别。品牌竞争是产品竞争的深化和延伸，当产业发展进入成熟阶段，产业竞争充分展开时，品牌就成为产品及企业竞争力的一个越来越重要的因素，因为品牌具有创造市场、联合市场和巩固市场的功能。

4. 公司经营能力分析

（1）公司法人治理结构。公司法人治理结构的概念有狭义和广义之分。狭义的公司法人治理结构是指有关公司董事会的功能、结构和股东的权力方面的制度安排。广义的公司法人治理结构是指有关公司控制权和剩余索取权分配的一整套法律、文化和制度安排,包括人力资源管理、收益分配和激励机制、财务制度、内部制度和管理等。

健全的公司法人治理结构表现在:①规范的股权结构。它包括降低股权集中度;流通股股权适度集中的同时发展机构投资者、战略投资者,发挥他们在公司治理中的作用;股权的普遍流通性。②完善的独立董事制度。2001年8月中国证监会发布了《关于在上市公司建立独立董事制度的指导意见》,要求上市公司在2002年6月30日之前建立独立董事制度。③监事会的独立性和监督责任。一方面加强监事会的地位和作用,另一方面加大监事会的监督责任。④优秀的经理层。优秀的职业经理层是保障公司治理结构规范化、高效化的人才基础。⑤相关利益者的共同治理。它包括员工、债权人、供应商和客户等重要利益相关者共同参与治理机制,也可以建立公司外部治理机制,以弥补公司内部治理机制的不足。

(2)公司管理人员的素质和能力分析。决策层是企业最高的权力机构,应具有明确的生产经营战略和良好的经济素养,应具备较高的企业管理能力和丰富的工作经验,具有清晰的思维头脑和综合判断能力。

高级管理层人员应具有与该企业相关的技术知识,通晓现代化管理理论知识,有实际的管理经验,有较强的组织指挥能力,有扎实的廉政工作作风;部门负责人要求精通本部门业务,有独立领导本部门工作人员高效地工作的能力,有进取心,工作态度严谨;执行层要求了解岗位工作范围,严格执行操作程序,操作技术娴熟,热爱本职工作,能保质保量地完成和超额完成生产经营指标,能提出合理化建议,遵守企业规章制度,团结同志,品行端正。

(3)公司从业人员素质和创新能力。公司业务人员的素质也会对公司的发展起到重要的作用,作为公司的员工应该具备专业技术能力、对公司的忠诚度和责任感、团队合作精神和创新能力等素养。

5. 公司成长性分析

(1)公司经营战略分析。经营战略是企业面对激烈的竞争与严峻的挑战,为求得长期生存和不断发展而进行的总体性谋划。它是企业战略思想的集中体现,是企业经营范围的科学规定,同时又是制定规划的基础。经营战略是在符合和保证实现企业使命的条件下,在充分利用环境存在的各种机会和创造新机会的基础上,确定企业同环境的关系,规定企业从事的经营范围、成长方向和竞争对策,合理地调整企业结构和分配企业的资源。经营战略具有全局性、长远性和纲领性的特征,它从宏观上规定了公司的成长方向、成长速度及其实现的方式。

(2)公司规模变动特征及扩张潜力分析。公司规模变动特征和扩张潜力一般与所处的行业发展阶段、市场结构和经营战略密切相关,它是从微观方面来具体考察公司的成长性。

6. 上市公司调研

上市公司调研是围绕上市公司的内部条件和外部环境的整合来分析上市公司的优势与劣势、面临的挑战与发展机遇、发展的可行性与现实需要等。

(1)分析公司所属产业。包括分析所在产业的发展历史和前景;影响产业增长和盈利能力的关键因素;产业进入的壁垒;来自产业的内外竞争;政府对产业的支持或管制;上下游产业的市场前景和供需状况;国民经济波动对产业的影响等方面。

(2)分析公司的背景与历程。包括分析公司性质;集团及其关联企业、公司的规模、股本结构和主要投资者;公司的中长期发展战略和发展方向的历史沿革;公司的主要产品和利润的主要来源;公司的主要优劣势等内容。

(3)分析公司的经营管理状况。包括分析公司员工的技术层次和培训费用;工资奖励制度;关键的工作人员及其简历;保留核心员工的方法;公司的组织结构与管理体制;公司的生产能力和生产效率;公司的原材料构成及其供应;公司与主要供货商的关系等方面。

(4)分析公司的市场营销状况。包括分析公司主要产品的市场供需弹性;公司产品销售的季节性或周期性波动;公司主要客户组成及与主要客户的关系;公司产品的覆盖地区与市场占有率;公司销售成本与费用控制;顾客满意度和购买力;公司主要竞争对手的生产占有率等方面。

(5)分析公司的研究与开发能力。包括分析公司的研究项目、研究配套设施、研究人员比例、研究费用占销售收入的比例、新产品开发的频率与市场供求分析和新产品市场规模与投资需求等内容。

(6)分析公司的投融资状况。包括分析公司的资金缺口、融资前后的资本结构及所有权形式、融资资金的主要用途、投资项目和投资收益、公司的投资结构与方式、投资项目的可行性等内容。

二、公司财务分析

(一)公司主要的财务报表

上市公司必须遵守财务公开的原则,定期公开自己的财务状况,提供有关的财务资料,以便于投资者咨询。公布的财务资料中主要有财务报表,包括资产负债表、利润表和现金流量表等。

1. 资产负债表

资产负债表是反映企业在某一特定日期财务状况的会计报表,它表明权益在某一特定日期所拥有或控制的经济资源、所承担的现有义务和所有者对净资产的要求权。

中国资产负债表按账户式反映,即资产负债表分为左方和右方,左方列示资产各项目,右方列示负债和所有者权益各项目。总资产＝负债＋净资产(资本、股东权益),即资产各项目的合计等于负债和所有者权益各项目的合计。通过账户式资产负债表,可以反映资产、负债和所有者权益之间的内在关系,并达到资产负债表左方和右方的平衡。同时,资产负债表还提供年初和期末数的比较资料(表5-5)。

表5-5　资产负债表

编制单位:××公司　　　　××年×月×日　　　　单位:万元

项　目	期初数	期末数	项　目	期初数	期末数
流动资产:			流动负债:		
货币资金			短期借款		
短期投资			应付票据		
应收票据			应付账款		
应收股利			预收账款		
应收股息			应付工资		
应收账款			应付福利费		
减:坏账准备			应付股利		
应收账款净额			应交税金		
预付账款			其他应交款		
应收补贴款			其他应付款		
其他应收款			预提费用		
存货			预计负债		
待摊费用			一年内到期的长期负债		
一年内到期长期债券投资			其他流动负债		
其他流动投资			流动负债合计		
流动资产合计					
长期投资:			长期负债:		
长期股权投资			长期借款		

续表 5-5

项　目	期初数	期末数	项　目	期初数	期末数
长期债券投资			应付债券		
长期投资合计			长期应付款		
			专项应付款		
固定资产：			其他长期负债		
固定资产原价			长期负债合计		
减：累计折旧					
固定资产净值			递延税项：		
减：固定资产减值准备			递延税款项		
固定资产净额			负债合计		
工程物资					
在建工程			少数股东权益		
固定资产清理					
固定资产合计			股东权益：		
			实收资本(或股本)		
无形资产及其他资产：			资本公积		
无形资产			盈余公积		
长期待摊费用			其中：法定公益金		
其他长期资产			减：未确认的投资损益		
无形资产及其他资产合计			未分配利润		
递延税项：			外币报表折算差额		
递延税款借项			股东权益合计		
资产合计			负债及股东权益合计		

2. 利润与利润分配表

利润表是反映企业一定期间生产经营成果的会计报表,表明企业利用所拥有的资产进行获利的能力。利润表把一定期间的营业收入与其同一会计期间相关的营业费用进行配比,以计算企业一定时期的净利润(或净亏损)。

利润表的内容包括:构成主营业务利润的各项要素;构成营业利润的各项要素;构成利润总额(或亏损总额)的各项要素;构成净利润(净亏损)的各项要素。分析利润分配表,可以了解企业利润表上反映的净利润的分配情况或亏损的弥补情况,了解利润分配的构成以及年末未分配利润的数额(表5-6)。

表5-6 利润及利润分配表

编制单位:××公司　　　　××年×月×日　　　　单位:万元

项　　目	上年实际数	本年实际数
一、主营业务收入:		
减:主营业务成本		
主营业务税金及附加		
二、主营业务利润		
加:其他业务利润		
减:营业费用		
管理费用		
财务费用		
三、营业利润		
加:投资收益		
补贴收入		
营业外收入		
减:营业外支出		
四、利润总额		
减:所得税		

续表 5-6

项　　目	上年实际数	本年实际数
少数股东损益		
加:未确认的投资损失		
五、净利润		
加:年初未分配利润		
其他转入		
六、可供分配的利润		
减:提取法定盈余公积		
提取法定公益金		
提取职工奖励及福利基金		
提取储备基金		
七、可供股东分配的利润		
减:应付优先股股利		
提取任意盈余公积		
应付普通股股东		
转作股本的普通股股利		
八、未分配利润		
补偿资料		
1.出售、处置部门或被投资单位所得收益		
2.自然灾害发生的损失		
3.会计政策变更增加(或减少)利润总额		
4.会计估计变更增加(或减少)利润总额		
5.债务重组损失		
其他		

3. 现金流量表

现金流量表反映企业一定期间的资金流入和流出的情况,表明企业获得现金和现金等价物的能力。现金流量表主要分经营活动、投资活动和筹资活动产生的现金流量三部分(表5-7)。

表5-7 现金流量表

编制单位:××公司　　　　　××年×月×日　　　　　单位:万元

项　　目	金额
一、经营活动产生的现金流量	
销售商品、提供劳务收到的现金	
收到的税费返还	
收到的其他与经营活动有关的现金	
现金流入小计	
购买商品、接受劳务支付的现金	
支付给职工以及为职工支付的现金	
支付的各项税费	
支付的其他与经营活动有关的现金	
现金流出小计	
经营活动产生的现金流量净额	
二、投资活动产生的现金流量	
收回投资所收到的现金	
取得投资收益所收到的现金	
处置固定资产、无形资产和其他长期资产所支付的现金净额	
收到的其他与投资活动有关的现金	
现金流入小计	
购建固定资产、无形资产和其他长期资产所支付的现金	
投资所支付的现金	

续表 5-7

项　　目	金额
支付的其他与投资活动有关的现金	
现金流出小计	
投资活动产生的现金流量净额	
三、筹资活动产生的现金流量	
吸收投资所收到的现金	
其中：子公司吸收少数股东权益性投资收到的现金	
借款所收到的现金	
收到的其他与筹资活动有关的现金	
现金流入小计	
偿还债务所支付的现金	
分配股利、利润或偿还利息所支付的现金	
其中：子公司支付少数股东股利	
支付的其他与筹资活动有关的现金	
其中：子公司依法减资支付给少数股东的现金	
现金流出小计	
筹资活动产生的现金流量净额	
四、汇率变动对现金的影响	
五、现金及现金等价物净增加额	
补偿资料	
1.将净利润调节为经营活动现金流量	
净利润	
加：少数股东本期损益	
减：未确认的投资损益	
加：计提的资产减值准备	

续表 5－7

项　　目	金额
固定资产折旧	
无形资产摊销	
长期待摊费用摊销	
待摊费用的减小（减:增加）	
预提费用的增加（减:减少）	
处置固定资产、无形资产和其他长期资产的损失（减:收益）	
固定资产报废损失	
财务费用	
投资损失（减:收益）	
递延税款贷项（减:借项）	
存货的减少（减:增加）	
经营性应付项目的增加（减:减少）	
其他	
经营活动产生的现金流量净额	
2.不涉及现金收支的投资和筹资活动	
债务转为资本	
一年内到期的可转换公司债券	
融资租入固定资产	
3.现金及现金等价物的净增加情况	
现金的期末余额	
减:现金的期初余额	
加:现金等价物的期末余额	
减:现金等价物的期初余额	
现金及现金等价物净增加额	

通过单独反映经营活动的现金流量,可以了解权益在不动用企业外部筹得资金的情况下,凭借经营活动产生的现金流量是否足以偿还负债、支付股利和对外投资。经营活动产生的现金流量通常可以采用间接法和直接法两种方法反映。中国现金流量表也可以按直接法编制,但在现金流量表的补充资料中还要单独按照间接法反映经营活动现金流量的情况。

通过单独反映投资活动产生的现金流量,可以了解为获得未来收益和现金流量而导致资源转出的程度,以及以前资源转出带来的现金流入的信息。现金流量表中的投资活动比通常所指的短期投资和长期投资范围要广。

通过单独反映筹资活动的现金流量,可以帮助投资者预计对企业未来现金流量的要求权,以及获得前期现金流入需付出的代价。

(二)财务报表分析的目的与方法

1. 主要目的

财务报表分析的目的是为有关各方提供可以用来做出决策的信息。公司的经理人员,通过分析财务报表判断公司的状况、可能存在的问题,以便进一步改善经营管理。

公司现有的投资者和潜在投资者,通过对财务报表所传递的信息分析、加工,得到反映公司发展趋势、竞争能力等方面的信息,计算投资收益率,评价风险,比较该公司和其他公司的风险和收益,决定自己的投资策略。

公司的债权人,通过密切观察公司有关财务情况,分析财务报表,对公司短期偿债能力和长期偿债能力借项判断,确定是否需要追加抵押和担保、提前收回债权等。

除此之外,还有供应商、政府、雇员、工会和证券市场的中介机构等。专业的财务分析人员不同程度地承担着为报表使用人提供咨询的服务。

总之,财务报表分析的目的是:评价过去的经营业绩,衡量现在的财务状况,预测未来的发展趋势。

2. 分析方法与原则

分析方法包括比较分析法和因素分析法两类。比较分析法是指两个或几个有关可比数据借项比较,揭示财务指标的差异和变动关系的分析方法;因素分析法是依据分析指标和影响因素的关系,从数量上确定各因素对财务指标的影响程度。分析原则包括全面性原则和考虑个性化原则。

(三)公司财务比率分析

财务比率分析是指同一张财务报表的不同项目之间、不同类别之间,或在同一年度不同财务报表的有关项目之间,各会计因素的相互关系。比率分析涉及公司的各个方面,比率指标也特别多,主要可以分为四大类:偿债能力指标、营运能力指标、盈利能力指标、发展能力指标。

1. 偿债能力指标

偿债能力指标是一个企业财务管理的重要管理指标,是指企业偿还到期债务(包括本息)的能力。偿债能力指标包括短期偿债能力指标和长期偿债能力指标。

(1)短期偿债能力:是指企业流动资产对流动负债及时足额偿还的保证程度,是衡量企业当期财务能力(尤其是流动资产变现能力)的重要标志。其衡量指标主要有流动比率、速动比率和现金流动负债比率三项。

流动比率: 是流动资产与流动负债的比率,它表明企业每一元流动负债有多少流动资产作为偿还保证,反映企业可用在短期内转变为现金的流动资产偿还到期流动负债的能力。其计算公式为:

$$流动比率 = 流动资产/流动负债$$

一般情况下,流动比率越高,说明企业短期偿债能力越强。国际上通常认为,流动比率的下限为100%,而流动比率等于200%时较为适当。流动比率过低,表明企业可能难以按期偿还债务。流动比率过高,表明企业流动资产占用较多,会影响资金的使用效率和企业的筹资成本,进而影响获利能力。

速动比率: 是企业速动资产与流动负债的比率,即是从流动资产中扣除存货部分,再除以流动负债的比值。其中,速动资产是指流动资产减去变现能力较差且不稳定的存货、预付账款、待摊费用等后的余额。其计算公式为:

$$速动比率 = \frac{流动资产 - 存货}{流动负债}$$

一般情况下,速动比率越高,说明企业偿还流动负债的能力越强。国际上通常认为,速动比率等于100%时较为适当。速动比率小于100%表明企业面临很大的偿债风险,速动比率大于100%表明企业会因现金及应收账款占用过多而增加企业的机会成本。

现金流动负债比率: 是企业一定时期的经营现金净流量同流动负债的比率,它可以从现金流量角度来反映企业当期偿付短期负债的能力。其计算公式为:

$$现金流动负债比 = \frac{年经营活动现金净流量}{期末流动负债} \times 100\%$$

现金流动负债比率越大,表明企业经营活动产生的现金净流量越多,越能保障企业按期偿还到期债务。但是,该指标也不是越大越好,指标过大表明企业流动资金利用不充分,获利能力不强。

(2)长期偿债能力:是指企业偿还长期负债的能力。其衡量指标主要有资产负债率、产权比率、或有负债比率、已获利息倍数和带息负债比率五项。

资产负债率：又称负债比率，是指企业负债总额对资产总额的比率，反映企业资产对债权人权益的保障程度。其计算公式为：

$$资产负债率 = \frac{负债总额}{资产总额} \times 100\%$$

一般情况下，资产负债率越小，说明企业长期偿债能力越强。保守的观点认为资产负债率不应高于50%，而国际上通常认为资产负债率等于60%时较为适当。从债权人来说，该指标越小越好，这样企业偿债越有保证。从企业所有者来说，该指标过小表明企业对财务杠杆利用不够。企业的经营决策者应当将偿债能力指标与获利能力指标结合起来分析。

产权比率：也称资本负债率，是指企业负债总额与所有者权益总额的比率，反映企业所有者权益对债权人权益的保障程度。其计算公式为：

$$产权比率 = \frac{负债总额}{股东权益} \times 100\%$$

公式中的"股东权益"也就是所有者权益。

一般情况下，产权比率越低，说明企业长期偿债能力越强。产权比率与资产负债率对评价偿债能力的作用基本相同，两者的主要区别是：资产负债率侧重于分析债务偿付安全性的物质保障程度；产权比率则侧重于揭示财务结构的稳健程度以及自有资金对偿债风险的承受能力。

或有负债比率：是指企业或有负债总额对所有者权益总额的比率，反映企业所有者权益应对可能发生的或有负债的保障程度。其计算公式为：

$$或有负债总额 = 已贴现商业承兑汇票金额 + 对外担保金额 + 未决诉讼、未决仲裁金额（除贴现与担保引起的诉讼或仲裁）+ 其他或有负债金额$$

已获利息倍数：是指企业一定时期息税前利润与利息支出的比率，反映了获利能力对债务偿付的保障程度。其中，息税前利润总额是指利润总额与利息支出的合计数，利息支出指实际支出的借款利息、债券利息等。其计算公式为：

$$已获利息倍数 = \frac{息税前利润总额}{利息支出} = \frac{净利润 + 利息费用 + 所得税费用}{利息费用}$$

计算公式中的"利润总额"包括税后利润和所得税；"利息费用"是支付给债权人的全部利息，包括财务费用中的利息和计入固定资产成本的资本化利息。

一般情况下，已获利息倍数越高，说明企业长期偿债能力越强。国际上通常认为，该指标为3时较为适当，从长期来看至少应大于1。

带息负债比率：是指企业某一时点的带息负债总额与负债总额的比率，反映企业负债中带息负债的比重，在一定程度上体现了企业未来的偿债（尤其是偿还利息）压力。其计算公式为：

$$带息负债比率 = \frac{带息负债总额}{负债总额} \times 100\%$$

带息负债总额＝短期借款＋一年内到期的长期负债＋长期借款＋应付债券＋应付利息

2. 营运能力指标

营运能力是指企业的经营运行能力，即企业运用各项资产以赚取利润的能力。企业营运能力的财务分析比率有：存货周转率、应收账款周转率、营业周期、流动资产周转率和总资产周转率等。这些比率揭示了企业资金运营周转的情况，反映了企业对经济资源管理、运用的效率高低。企业资产周转越快，流动性越高，企业的偿债能力越强，资产获取利润的速度就越快。

营运能力分析包括流动资产周转情况分析、固定资产周转情况分析和总资产周转情况分析。

(1) 流动资产周转情况分析。反映流动资产周转情况的指标主要有应收帐款周转率、存货周转率和流动资产周转率。

应收帐款周转率(Receivable Turnover)：是反映应收帐款周转速度的指标，它是一定时期内赊销收入净额与应收帐款平均余额的比率。应收帐款周转率有两种表示方法：一种是应收帐款在一定时期内（通常为一年）的周转次数；另一种是应收帐款的周转天数即应收帐款帐龄(Age of Receivable)。

在一定时期内应收帐款周转的次数越多，表明应收帐款回收速度越快，企业管理工作的效率越高。这不仅有利于企业及时收回贷款，减少或避免发生坏帐损失的可能性，而且有利于提高企业资产的流动性，提高企业短期债务的偿还能力。

存货周转率(Inventory Turnover)：是一定时期内企业销货成本与存货平均余额间的比率。它是反映企业销售能力和流动资产流动性的一个指标，也是衡量企业生产经营各个环节中存货运营效率的一个综合性指标。

一般情况下，存货周转率越高越好。在存货平均水平一定的条件下，存货周转率越高，表明企业的销货成本数额增多，产品销售的数量增长，企业的销售能力加强；反之，则销售能力不强。企业要扩大产品销售数量，增强销售能力，就必须在原材料购进、生产过程中的投入、产品的销售、现金的收回等方面做到协调和衔接。因此，存货周转率不仅可以反映企业的销售能力，而且能用以衡量企业生产经营中的有关方面运用和管理存货的工作水平。

存货周转率还可以衡量存货的储存是否适当，是否能保证生产不间断地进行和产品有秩序的销售。存货既不能储存过少，造成生产中断或销售紧张，又不能储存过多形成滞留、积压。存货周转率也反映存贷结构合理与质量合格的状况。因为只有结构合理，才能保证生产和销售任务正常、顺利地进行，只有质量合格，才能有效地流动,从而达到存货周转率提高的目的。存货是流动资产中最重要的组成部分,往往达到流动资产总额的一半以上。因此,存货的质量和流动性对企业的流动比率具有举足轻重的影响并进而影响企业的短期偿债能力。存货周转率的这些重要作用,使其成为综合评价企业营运能力的一项重要的财务比率。

流动资产周转率(Current Assets Turnover):是反映企业流动资产周转速度的指标。它是流动资产的平均占用额与流动资产在一定时期所完成的周转额之间的比率。

在一定时期内,流动资产周转次数越多,表明以相同的流动资产完成的周转额越多,流动资产利用的效果越好。流动资产周转率用周转天数表示时,周转一次所需要的天数越少,表明流动资产在经历生产和销售各阶段时占用的时间越短,周转越快。生产经营任何一个环节上的工作得到改善,都会反映到周转天数的缩短上来。按天数表示的流动资产周转率能更直接地反映生产经营状况的改善,便于比较不同时期的流动资产周转率,应用较为普遍。

(2)固定资产周转情况分析。固定资产周转率(Fixed Assets Turnover),是指企业年销售收入净额与固定资产平均净值的比率。它是反映企业固定资产周转情况,从而衡量固定资产利用效率的一项指标。

固定资产周转率高,表明企业固定资产利用充分,同时也表明企业固定资产投资得当,固定资产结构合理,能够充分发挥效率;反之,如果固定资产周转率不高,则表明固定资产使用效率不高,提供的生产成果不多,企业的营运能力不强。

运用固定资产周转率时,需要考虑固定资产净值因计提折旧而逐年减少或因更新重置而突然增加的影响。在不同企业间进行分析比较时,还要考虑采用不同折旧方法对净值的影响等。

(3)总资产周转情况的分析。总资产周转率(Total Assets Turnover)是企业销售收入净额与资产总额的比率。这一比率可用来分析企业全部资产的使用效率。如果这个比率较低,则说明企业利用全部资产进行经营的效率较差,最终会影响企业的获利能力。这样,企业就应该采取措施提高各项资产的利用程度,从而提高销售收入或处理多余资产。

3. 盈利能力指标

盈利能力指标主要包括营业利润率、成本费用利润率、盈余现金保障倍数、总资产报酬率、净资产收益率和资本收益率六项。实务中,上市公司经常采用每股收益、每股股利、市盈率、每股净资产等指标评价其获利能力。

(1)营业利润率:是企业一定时期营业利润与营业收入的比率。其计算公式为:

$$营业利润率 = \frac{营业利润}{营业收入} \times 100\%$$

营业利润率越高,表明企业市场竞争力越强,发展潜力越大,盈利能力越强。

(2)销售毛利率:在实务中经常使用销售毛利率、销售净利率等指标来分析企业经营业务的获利水平。其计算公式分别如下:

$$销售毛利率 = \frac{销售收入 - 销售成本}{销售收入} \times 100\%$$

$$销售净利率 = \frac{净利润}{销售收入} \times 100\%$$

(3)总资产报酬率:是企业一定时期内获得的报酬总额与平均资产总额的比率。其计算公式为:

$$总资产报酬率 = \frac{息税前利润总额}{平均资产总额} \times 100\%$$

其中: 息税前利润总额 = 利润总额 + 利息支出

一般情况下,总资产报酬率越高,表明企业的资产利用效益越好,整个企业盈利能力越强。

(4)净资产收益率:是企业一定时期净利润与平均净资产的比率,反映了企业自有资金的投资收益水平。其计算公式为:

$$净资产收益率 = \frac{净利润}{平均净资产} \times 100\%$$

其中: $$平均净资产 = \frac{所有者权益年初数 + 所有者权益年末数}{2}$$

一般认为,净资产收益率越高,企业自有资本获取收益的能力越强,运营效益越好,对企业投资人、债权人利益的保证程度越高。

(5)资本收益率:是企业一定时期净利润与平均资本(即资本性投入及其资本溢价)的比率,反映企业实际获得投资额的回报水平。其计算公式为:

$$资本收益率 = \frac{净利润}{平均资本} \times 100\%$$

其中:

$$平均资本 = \frac{实收资本年初数 + 资本公积 + 实收资本年末数 + 资本公积年末数}{2}$$

上述资本公积仅指资本溢价(或股本溢价)。

4. 发展能力指标

主要归纳为如下几项指标:营业收入增长率、资本保值增值率、资本积累率、总资产增长率、营业利润增长率。

(1)营业收入增长率:是企业当年营业收入增长额与上年营业收入总额的比率,反映企业营业收入的增减变动情况。其计算公式为:

$$营业收入增长率 = \frac{当年营业收入增长额}{上年营业收入总额} \times 100\%$$

其中： 当年营业收入增长额＝当年营业收入总额－上年营业收入总额

营业收入增长率大于零,表明企业当年营业收入有所增长。该指标值越高,表明企业营业收入的增长速度越快,企业市场前景越好。

(2)资本保值增值率:是企业扣除客观因素后的本年末所有者权益总额与年初所有者权益总额的比率,反映企业当年资本在企业自身努力下实际增减变动的情况。其计算公式为:

$$资本保值增值率 = \frac{扣除客观因素后的本年末所有者权益总额}{年初所有者权益总额} \times 100\%$$

一般认为,资本保值增值率越高,表明企业的资本保全状况越好,所有者权益增长越快,债权人的债务越有保障。该指标通常应当大于100%。

(3)资本积累率:是企业当年所有者权益增长额与年初所有者权益的比率,反映企业当年资本的积累能力。其计算公式为:

$$资本积累率 = \frac{当年所有者权益增长额}{年初所有者权益} \times 100\%$$

资本积累率越高,表明企业的资本积累越多,应对风险、持续发展的能力越强。

(4)总资产增长率:是企业当年总资产增长额同年初资产总额的比率,反映企业本期资产规模的增长情况。其计算公式为:

$$总资产增长率 = \frac{当年总资产增长额}{年初资产总额} \times 100\%$$

其中： 当年总资产增长额＝年末资产总额－年初资产总额

总资产增长率越高,表明企业一定时期内资产经营规模扩张的速度越快。但在分析时,需要关注资产规模扩张的质和量的关系,以及企业的后续发展能力,避免盲目扩张。

(5)营业利润增长率:是企业当年营业利润增长额与上年营业利润总额的比率,反映企业营业利润的增减变动情况。其计算公式为:

$$营业利润增长率 = \frac{当年营业利润增长额}{上年营业利润总额} \times 100\%$$

其中： 当年营业利润增长额＝当年营业利润总额－上年营业利润总额

(四)公司财务状况的综合分析

1. 沃尔评分法

财务状况综合评价的先驱者之一是亚力山大沃尔。他在 20 世纪初提出了信用能力指数概念,把若干个财务比率用线性关系结合起来,以此表示公司的信用水平(表5-8)。

表5-8 沃尔的比重评分法   (单位:%)

财务比率	比重 (a)	标准比率 (b)	实际比率 (c)	相对比率 (d=c/b)	评分 (a×d)
流动比率	25				
净资产/负债	25				
资产/固定资产	15				
销售成本/存货	10				
销售额/应收账款	10				
销售额/固定资产	10				
销售额/净资产	5				
合　计	100				

从理论上讲,沃尔的评分法为什么选择7个指标?或者是其他指标?比重的合理性如何?这些问题都没有从理论上给出回答。尽管如此,但该评分法在实践中仍被使用。

2. 综合评价方法

公司财务评价的内容主要是盈利能力,其次是偿债能力、成长能力。它们之间大致可按照5:3:2来分配比重(表5-9)。

标准比率应该以本行业平均数为基础,适当进行理论修正。在给每个指标评分时,应规定上限和下限,以减少个别指标异常对总分造成不合理的影响。上限为正常评分值的15倍,下限为1/2。此外,给分时不采用"乘",而采用"加"或"减"的关系处理。

3. EVA——业绩评价的新指标

EVA(Economic Value Added)或经济增加值,最初由美国学者Stewart提出,由美国著名咨询公司Sterm Stewart Co.在美国注册。EVA也被称为经济利润,它衡量了减除资本占用费用后企业经营产生的利润,是企业经营效率和资本使用效率的综合指标。

表 5-9 综合评分的标准

指　标	评分值	标准比率（%）	行业最高比率(%)	最高评分	最低评分	百分比率的差(%)
盈利能力：						
总资产净利率	20	10	20	30	10	1.0
销售净利率	20	4	20	30	10	1.6
净资产报酬率	10	16	20	15	5	0.8
偿债能力：						
收益负债比率	8	40	100	12	4	15
流动比率	8	150	450	12	4	75
应收账款周转率	8	600	1200	12	4	150
存货周转率	8	800	1200	12	4	100
成长能力：						
销售增长率	6	15	30	9	3	5
净利润增长率	6	10	20	9	3	3.3
平均净利增长率	6	10	20	9	3	3.3
合　计	100					

（五）财务分析中应注意的问题

财务分析中应注意以下几个问题：

(1)财务报表数据的准确性、真实性与可靠性。

(2)根据不断变化的经济环境和经营条件对财务分析结果的预测进行适当调整。

(3)公司增资行为对财务结构的影响。

(4)阅读会计报表附注。

三、公司重大事项分析

1. 公司的资产重组

公司在资本市场上的公司扩张、公司调整、公司所有权和控制权转移既不相同但又互相关联的资产重组行为。从理论上讲,资产重组可以促进资源的优化配置,有利于产业结构的调整,增强公司的市场竞争力,从而使一批上市公司由小变大,由弱变强。

2. 公司的关联交易

关联交易是指公司与有关联方之间发生的交换资产、提供商品或劳务的交易行为。从理论上讲,关联交易属于中性交易,它既不属于单纯的市场行为,也不属于内幕交易的范畴,其主要作用是降低企业的交易成本,促进生产经营渠道的畅通,提供扩张所需的优质资产,有利于实现利润的最大化等。

3. 会计政策与税收政策的变化

税收政策和会计政策影响着公司的收益水平,也影响着投资收益的分配。

1. 宏观经济环境对证券市场的影响体现在哪些方面?
2. 如何分析宏观经济形势?
3. 证券市场的发展与国民经济增长的关系是什么?
4. 行业的划分方法有哪些?选择投资行业的依据有哪些?
5. 区域对所投资的证券有什么影响?如何进行分析?
6. 公司分析包括什么内容?
7. 公司分析的基本步骤是什么?

第六章 技术分析流派原理与方法

技术分析流派的假设与前提: 市场的行为包括一切信息;价格沿当前变化趋势移动;股票价格变化历史会重复

理论依据: 运用数学、物理的分析原理与方法,对证券市场的数据进行规律研究与分析,以市场表现的价格、成交量、交易价格和成交量的变化、时空演化作为主要依据,用图形和数据进行投资时机的判断

研究内容: K线理论、切线理论、形态理论、技术指标理论、波浪理论、循环周期理论等

方法的优点: 贴近市场、直观、时间短

方法的缺点: 考虑问题过于单一

适用范围: 长期和短期,结论只具有建议性

第一节 证券投资技术的分析理论

技术分析流派是证券投资分析中比较常见的一种分析方法的集中体现。它们相关的各种理论和技术分析方法或指标都经过了几十年,甚至上百年的实践检验,在今天看来依然具有指导和参考意义。从实质上讲,技术分析流派是以证券市场过去和现在的市场行为为分析对象,应用数学和逻辑的方法,探索出一些典型变化规律,并依此预测证券市场的未来变化趋势的技术分析与方法运用。由于技术分析结果的直观、形象,运用了证券市场过去已经拥有的广泛数据和信息资料,并采用了各种不同的数据处理方法与技术,预测结果都是具体的数字、图形和指标,深受投资者的重视和青睐。有些专家或投资家甚至错误认为,它就是证券投资分析。

证券投资分析是需要借助相关的数学和物理的理论,但过去的数据和证券市场的表现只能代表历史情况,不能直接用于预测未来的变化。未来证券市场的结果最终不是证券市场过去数据的因素决定的,而是众多的不确定影响因素对市场综合作用的结果。在发展中的证券市场投资,用于证券投资技术分析的假设和前提很难满足,分析的结果很难与市场未来变化相一致。投资者投资理念不成熟,投机行为多于价值投资,在证券市场投资分析中,一般只是以市场的数据作为背景,分析结果仅是投资决策的参考支撑而已。

当然,技术分析结果适用于博弈买、卖时点和价位,具有定量指导意义。证券市场投资分析中,也会借助技术分析流派,为具体的投资活动作为定点手段。技术分析不但适用于证券市场投资分析,同时还广泛应用于外汇、期货和其他金融市场投资分析。

一、技术分析的假设与前提

技术分析作为一种投资分析工具,是需要一定的假设条件为前提的。技术分析流派的假设是:市场行为涵盖一切信息;证券的交易价格沿当前趋势移动;历史会重演。因为证券市场的投资行为涵盖着一切相关的信息,主要原理是:任何一个影响证券市场的因素,最终都必然体现在股票价格的变动上。外在的、内在的、基础的、政策的和心理的因素,以及其他影响股票价格的所有因素,都已经在证券市场的投资行为中得到反映。价格沿趋势移动,主要原理是:证券价格的变动是有一定的规律性的,运动是连续和保持原来运动方向的惯性的。实质上,证券市场的证券价格的运动方向,是由供求关系决定的,而不是沿趋势移动的。历史会重演,主要原理是:证券市场的变化,在没有其他条件影响的时候,是周期性有规律的变化。在充分考虑投资者的心理因素的前提下,认为投资者的行为必然要受到人类心理学中某些规律的制约,投资者对过去的市场变化的学习,影响着未来的投资决策。一个人在某种情况下按一种方法进行操作取得成功,以后遇到相同或相似的情况,他就会按相同方法进行操作;如果前一次失败了,后面这一次就不会按前一次的方法操作。因此,投资者遇到类似的情况会参考历史来预测未来。

技术分析的要素是:交易价格、成交量、买卖时点和价格变化的空间。它们是技术分析的基础,它们之间的相互关系是技术分析中的重要内容。

下面介绍主要的技术原理和内容。

二、道氏理论

道氏理论的创始人是美国人查尔斯·亨利·道,他与爱德华·琼斯创立了著名的道琼斯平均指数。

道氏理论的主要原理包括:①市场价格平均指数可以解释和反映市场的大部分行为;②市场波动具有某种趋势;③主要趋势有三个阶段(以上升趋势为例:累积阶段、上涨阶段、市场价格达到顶峰后出现的又一个累积期);④两种平均价格指数必须相互加强;⑤趋势必须得到交易量的确认;⑥一个趋势形成后将持续,直到趋势出现明显的反转信号。

道氏理论应用中应注意的问题:道氏理论从来就不是用来指出应该买卖哪只股票,而是在相关收盘价的基础上确定出该股票市场的主要趋势,因此,道氏理论对大势的判断有较大的作用,但对每日每时都在发生的小波动则无能为力。道氏理论甚至对次要趋势的判断作用也不大,同时可操作性比较差。

三、技术分析方法的分类

在证券交易价格、交易量的历史资料基础上,采取的方法是运用统计、数学计算、绘制图表的主要手段,从而进行具体的技术分析过程。

技术分析的主要方法分为:指标类、切线类、形态类、K线类、波浪类。

(1)指标类。常见的指标有:相对强弱指标(RSI)、随机指标(KD)、趋向指标(DMI)、平滑异同移动平均线(MACD)、能量潮(OBV)、心理线(PSY)、乖离率(BLAS)等。

(2)切线类。常见的切线有:趋势线、支撑线和压力线、轨道线、黄金分割线、百分比线、速度线和甘氏线等。

(3)形态类。常见的形态有:反转突破形态——头肩形、多重顶底形和圆弧形、V形反转等;平衡整理形态——三角形态、矩形形态、旗形和楔形、喇叭形和菱形。

(4)K线类。运用K线的若干天组合在一起来推测多空双方力量的对比,进行市场行情的走势推断的方法。

(5)波浪类。把证券交易价格的上下变动和不同时期的持续上涨、下跌看成波浪的上下起伏,股票的价格运动遵循循环波浪起伏的规律。

在技术分析时应注意以下问题:①技术分析必须与基本分析相结合起来使用;②多种技术分析方法综合使用;③理论分析与实践相结合。

第二节 技术图形分析的主要内容

一、K线理论

1. K线的绘制

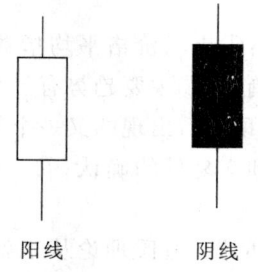

阳线　　阴线

K线由三部分组成:上影线、实体、下影线。上影线上至当期最高价,下影线下至当期最低价,当收市价高于开市价时,实体部分用红色(或白色)绘制,称为阳线(由于K线阳线是红色的,证券市场以红色作为市场向好的方向发展,红色成为证券市场喜欢的色系,证券经纪人所穿的标志性外套用红色,将证券投资经纪人又简称为红马甲);当收市价低于开市价时实体部分用绿色(或者黑色)绘制,称为阴线。

2. K线图的含义

K线图所表达的含义,较为细腻敏感。在与条形图相比较之下,K线图似乎较易于掌握短期之内价格的波动,也易于判断多空双方(买力与卖力)的强弱状态,作为进出场交易的参考。

就开盘价而言,具有意义的情形:第一,就是在于跳空状态,跳空缺口意味着买卖双方有一方极力撤守最后防线,也意味着一连串的溃败开始;第二,在于买卖某一方长驱直入敌阵之后,后劲不足退回开盘价,即上下影过长,这种情况代表盛极而衰,一个变盘的开始,这种情况以出现在综合股票指数的表现上尤为明显。

3. K线组合运用的原则

运用K线进行分析时,不论是一根、两根、还是三根或多根,都是对多空双方争斗作出的一个描述,它们所组成的组合分析所得到的结论都是相对的,而不是绝对的。在具体的投资活动中都不能成为依据,只能提供参考。

二、切线理论

既然技术分析的假设依据是市场的证券交易价格沿趋势移动,那么在投资过程中就应该遵循"顺势而为"的原则,而"势"是指趋势。

1. 趋势线

趋势是指证券交易价格波动的方向。尽管证券市场的证券交易价格变化有一定的方向,但要准确地判断未来的走势是比较困难的,可以根据历史的变化情况,利用趋势原理来预测未来的走势。一般而言,证券交易价格变化趋势分为三个方向:上升、下降和水平。

当然,在证券交易价格趋势分析中,按照道氏理论可划分为三种类型:主要趋势、次要趋势和短暂趋势。它们三种类型之间的区别是按照时间的长短和波动幅度的大小进行区分的。

2. 支撑线和压力线

支撑与压力是证券交易价格沿着某个方向波动时支持或阻碍其上升或下降的两股动力,也是技术分析中两个重要的概念。

支撑线(Support Line),又称为抵抗线,是指当证券交易价格跌到某个价位附近时,证券交易价格停止下跌,甚至还有可能回升,这是因为多方在此买入造成的。支撑线起阻止证券交易价格继续下跌的作用。这个起着阻止证券交易价格继续下跌的价格点就是支撑线所在的位置。

压力线(Resistance Line),又称为阻力线,是指当证券交易价格上涨到某一价位附近时,证券交易价格会停止上涨,甚至回落,这是因为空方在此抛售造成的。压力线起阻止证券交易价格继续上升的作用。这个起着阻止证券交易价格继续上升的价位就是压力线所在的位置。支撑线和压力线的作用是阻止或暂时阻止证券交易价格朝一个方向继续运动,这样就可以分析证券交易价格要创新低或新高就需要突破支撑线和压力线。实际上支撑线和压力线是投资者的心理线,支撑线和压力线在一定条件下可以互相转化,而转化的重要依据就是市场证券交易价格的突破。

3. 轨道线

轨道线是指证券交易价格在支撑线和压力线之间平行运动所形成的区域范围,是证券交易价格运行的区间。如果轨道发生弯曲或转换,则说明证券交易价格形成突破。轨道线一般可以运用三个方向:上升、下降和水平。它与趋势线伴随,是相互合作的一对。

4. 黄金分割线和百分比线

黄金分割线和百分比线是两类重要的水平直线。它是支撑位和压力位的点。黄金分割线的值点是依据 0.618 黄金分割率原理计算得出的点位,这些数字点为: 0.191、0.382、0.618、0.809、1.191、1.382、1.618、1.809、2.191、2.382、2.618 等。百分比线是考虑人们的心理因素和一些整数位的分界点,如:1/8、1/4、3/8、1/2、5/8、3/4、7/8、1、1/3、2/3 等,在这些数字中 1/2、1/3、2/3 是三条主要的线,也叫人们的心理倾向线。1/2 又是人们常说的二分法。

5. 应用切线理论应该注意的问题

切线为判断证券交易价格变化提供了一定的参考,但市场的变化是千变万化的,不能用简单的几条直线来约束我们的思维,否则就会成为投资决策失败的诱因。

三、形态理论

K 线理论中的分析方法,论述了一些有关证券交易价格变化的运动方向。而在 K 线组合的图形中会形成不同的形态。我们根据 K 线组合所形成的形态,可以将其分为保持平衡的持续整理形态和打破平衡的突破形态。

1. 保持平衡的持续整理形态

证券交易价格在运行过程中,经过一段时间的快速变动后,将不再继续原趋势,而是在一定的区域内上下窄幅波动,等待时机成熟后再继续前进。这种运行所留下的形态称为整理形态。

证券市场比较公认的整理形态主要有:三角形、矩形、旗形和楔形形态。

2. 打破平衡的突破形态

打破平衡的突破形态,又叫反转突破形态。它是描述证券交易价格对趋势方向的反转所形成的形态。

证券市场比较公认的反转突破形态主要有:头肩形态、双头和双底形态、圆弧顶和圆弧底形态、喇叭型形态和 V 型反转形态。

3. 缺口理论

缺口又称为跳空,是指证券价格在快速大幅波动中没有留下任何交易的一段真空区域。缺口的出现往往伴随着向某个方向运动的一种较强动力。缺口的宽度表示这种运动的强弱程度。缺口一经形成就成为日后较强的支撑或阻力区域。

四、波浪理论

波浪理论是美国人艾略特(R. N. Elliot)首先提出来的。波浪理论是揭示证券投资交易价格波动类似于潮汐现象,有着规律性和周期性循环的特点,能够预测价格未来的走势(即趋势)。

该理论以周期为基础,将周期分为时间长短不同的各种周期,并且在一个大周期之中可能存在小的周期,而小的周期又可分为更小的周期。每个周期无论时间的长短,都按一个模式进行,这个模式就是 8 个过程,即每个周期都由上升(或下降)的 5 个过程和下降(或上升)的 3 个过程组成。这个过程结束后,才能说这个周期已经结束,将进入新的周期。这就是波浪理论最核心的内容。与波浪理论密切相关的理论除了经济周期以外,还有道氏理论和菲波纳奇数列。

波浪理论的四个基本特点如下。

(1)股价指数的上升和下跌将会交替进行。

(2)最基本型态:推动浪和调整浪。推动浪由 1~5 浪组成(其中 2~4 浪属调整浪);调整浪由 A 浪、B 浪、C 浪表示,即"八浪循环"3 下 5 上结构。

(3)波浪形态。

1 浪(启动浪):1 浪的涨幅通常是 5 浪中最短的行情。

2 浪(调整浪):自然性调整;反转形态,如头底、双底等;跌幅可以是 1 浪的 100%。

3浪(主升浪):涨势最大;最有爆发力的上升浪;以跳空向上缺口扩展行情;经常出现"延长波浪"的现象。

4浪(调整浪):复杂型态,经常出现"倾斜三角形"的走势,4浪底点不会低于第1浪的顶点(由于4浪时间较短,暴跌V性,多为政策性导向形成V型调整)。

5浪(尾升浪):5浪涨势通常小于第3浪,5浪中二、三类股票通常是市场内的主导力量,其涨幅常常大于一类股(绩优蓝筹股、大型股)。

A浪(修正首浪):出现平台型(矩形)调整或"之"字型(锯齿波)运行。

B浪(反弹浪):修复下跌向均线反抽(靠拢)的过程,即最后离场机会。

C浪(下跌尾浪):暴跌与阴跌交替型,跌幅巨大,杀伤力极强(亏损量极大,浮亏惨重)。

(4)波浪间比例:①上升浪:升幅－节气＋波菲纳奇数列;上升浪＝前高×1.618;②下跌浪:跌幅－均价＋黄金分割率;③C浪＝A浪×1.618;④浪＝1/2的A浪。

第三节 技术指标分析的主要内容

技术指标分析过程,实质上就是应用一定的数学公式,对原始数据进行加工处理得出指标值,并将指标值绘成图表,从指标值的大小、图表的形态、走势等多方面对证券交易价格的变化进行预测的方法。

一般运用比较多的原始数据,主要是指开盘价、最高价、最低价、收盘价、成交价、成交量和成交金额等。技术指标按照功能可划分为:趋势型指标、超买超卖型指标、人气型指标和大势型指标。

一、趋势型指标

趋势型指标是用于判断证券价格变动趋势的指标,该类指标构造的基本思想是应用统计学中"平均价格"的概念和原理,通过计算平均价格,可消除短期变动和其他偶然因素对证券价格变动所造成的影响,确认证券价格的变动趋势。常见的指标有:移动平均线(MA)、指数平滑异同移动平均线(MACD)等。

1. 移动平均线(MA)

移动平均线(MA)分析方法是指利用统计分析的方法,将一定时期内的证券价格(指数)加以平均,并把不同时间的平均值连接起来,形成一根移动平均线,用以观察证券价格变动趋势的一种技术方法。按照数据处理方法的不同可分为:算术移动平均线(SMA)、加权移动平均线(WMA)和指数平滑移动平均线(EMA)三种。但在实际运用中指数平滑移动平均线使用得比较多,计算公式为:

$$\mathrm{EMA}_t(N) = C_t \times 1/N + \mathrm{EMA}_{t-1} \times (N-1)/N$$

式中：C_t 为计算期中第 t 日的收盘价；EMA_{t-1} 为第 $t-1$ 日的移动平均数；t 天数 N 是 MA 的参数。

指数平滑移动平均线具有以下特点：①反映并追踪趋势；②具有滞后性；③助涨助跌性；④起支撑线和压力线作用；⑤起吸引力作用。

2. 指数平滑异同移动平均线（MACD）

指数平滑异同移动平均线（Moving Average Convergence and Divergence，MACD）的原理是：运用快速与慢速移动平均线聚合与分离的征兆功能，加以双重平滑运算，用以研判证券的买进与卖出时机和信号。它是目前欧美流行且广泛使用的分析工具。MACD 是利用快速移动平均线和慢速移动平均线在一段上涨或下跌行情中两线之间的差距拉大，而在涨势或跌势趋缓时两线又相互接近或交叉的特征，通过计算快速移动平均线和慢速移动平均线之间的离差值，以及离差值与离差值的交叉信号，研判证券买卖时机的方法。

MACD 的计算方法：在应用 MACD 时分别以 12 日和 26 日的 EMA 为快速和慢速移动平均线，首先计算出两条移动平均线之间的差离值（DIF）作为研判行情的基础，然而再求 DIF 的 9 日平滑移动平均线，即 MACD 线，作为买卖时机的判断依据。

快速平滑移动平均线的计算：
$$\mathrm{EMA}_t(12) = C_t \times 2/13 + \mathrm{EMA}_{t-1}(12) \times 11/13$$

慢速平滑移动平均线的计算：
$$\mathrm{EMA}_t(26) = C_t \times 2/27 + \mathrm{EMA}_{t-1}(26) \times 25/27$$

式中：C_t 为当日收盘指数或收盘价；EMA_t 为第 t 日的移动平均价。

计算差离值（DIF）：
$$\mathrm{DIF} = \mathrm{EMA}_t(12) - \mathrm{EMA}_t(26)$$

计算差离值 DIF 的 9 日 EMA：

9 日 EMA，即"差离平均值"所求的 MACD 值。为了不与指标原来名称相混淆，此值又名为 DEM。
$$\mathrm{DEM}_t(\mathrm{MACD}) = 2/10 \times \mathrm{DIF}_t + 8/10 \times \mathrm{DEM}_{t-1}$$

理论上，在一段上升行情中，12 日 EMA 线会在 26 日 EMA 线之上，其间的正差离值（+DIF）会越来越大；反之，在一段跌势行情中，差离值可能变负（−DIF），其绝对值也越来越大。而行情如果开始回转时，正或负差离值将会缩小。MACD 就是利用正负的差离值，与差离值的 9 日平均线的交叉信号，作为买卖行为的依据。

需要说明的是，在分析软件上还有一个指标叫柱状线（BAR），它是 DIF 值减

去 DEM 值的差,即:
$$BAR = 2 \times (DIF - DEM)$$

MACD 应用在买卖交易的判断上,具有几个方面的信号功能。

第一,以 DIF 和 DEM 的取值和两者之间的相对取值发出的买卖信号。

DIF 和 DEM 均为正,属于多头市场。DIF 向上突破 DEM 是买入信号;DIF 向下跌突破 DEM 是卖出信号,获利了结。

DIF 和 DEM 均为负,属于空头市场。DIF 向下突破 DEM 是卖出信号;DIF 向上突破 DEM 被认为是反弹,作为补空性买入。

当 DIF 向下跌至 0 轴线时,为卖出信号,12 日 EMA 与 26 日 EMA 发生死亡交叉。当 DIF 向上穿 0 轴线时,为买入信号,12 日 EMA 与 26 日 EMA 发生黄金交叉。

第二,背离信号。

MACD 的优点:自动定义目前市场趋势向上或向下,避免逆势操作潜伏风险;在认定主要趋势后制定入市策略避免无谓的入市次数;若错以熊市当牛市,损失亦会受到控制而不致葬身熊腹。

MACD 的缺点:无法在升势之最高点发出出货讯号及无法在跌势最低点发出入货信号,即讯号来得慢些;入市次数减到最小将失掉最佳赚钱机会。

指数平滑异同移动平均线作为买卖时机的判断,最头痛的莫过于碰上箱型行情,结果是无法提供判断的依据。但是趋势明显时,运用效果明显。根据移动平均线原理发展出来的 MACD,一则去掉了移动平均线频繁发出虚假信号的缺陷,二则能确保移动平均线最大战果的功用。

二、超买超卖型指标

超买超卖型指标是判断市场价格走势的强弱和超买超卖现象,依此作为短期投资信号的一类技术指标。常见的超买超卖型指标有威廉指标、随机指标、相对强弱指标等。

1. 威廉指标(WMS)

威廉指标(WMS)是 Larry Williams 于 1973 年首创的。WMS 表示的是市场处于超买还是超卖状态。它是一项分析市场短期买卖气势的技术指标,是通过分析一段时间内证券交易价格高低价位和收盘价之间的关系,来度量证券交易价格的超买超卖状态,依此作为短期投资信号的一种技术指标。WMS 的计算公式为:

$$WMS(n) = (H_n - C_t)/(H_n - L_n) \times 100$$

式中:C_t 为当天的收盘价;n 为选定的时间参数,一般为 14 日或 20 日;H_n 和 L_n 分别为最近 n 日内(包括当日)出现的最高价和最低价。WMS 的取值范围是 0~

100。它应用在三个方面：一是数值信号；二是背离信号；三是曲线形态信号。

在 WMS 出现的初期，人们认为市场出现一次周期循环大约是 4 周，那么取周期的前半部分或后半部分，就一定能包含这次循环的最高值或最低值。这样，WMS 选的参数主要是 2 周，则这 2 周之内的 H_n 或 L_n 至少有一个成为顶价或地价。这对我们应用 WMS 进行研判行情很有帮助。

基于上述理由，WMS 的选择参数应该至少是循环周期的一半。中国证券市场的循环周期目前还没有明确的共识，我们在应用 WMS 时，应该多选择几个参数试试。

WMS 的操作法则也是从两方面考虑：WMS 取值的绝对数值和 WMS 曲线的形状。

第一，从 WMS 的绝对取值方面考虑。公式告诉我们，WMS 的取值介于 0～100 之间，以 50 为中轴将其分为上下两个区域。在上半区 WMS 大于 50，表示行情处于弱势；在下半区 WMS 小于 50，表示行情处于强势。

(1)当 WMS 高于 80，即处于超卖状态，行情即将见底，应当考虑买进。

(2)当 WMS 低于 20，即处于超买状态，行情即将见顶，应当考虑卖出。

这里 80 和 20 只是一个经验数字，不是绝对的，有些个别的股票可能要求比 80 大，也可能比 80 小，不同的情况产生不同的买进线和抛出线，要根据具体情况，在实际投资分析中不断摸索。

同时，WMS 在使用过程中应该注意与其他技术指标相配合。在盘整过程中 WMS 的准确性较高，而在上升或下降趋势当中，却不能只以 WMS 的超买超卖信号为依据来判断行情即将反转。

第二，从 WMS 的曲线形状考虑。这里只介绍背离原则，以及撞顶和撞底次数的原则。

(1)在 WMS 进入高位后，一般要回头，如果这时股价还继续上升，这就产生背离，是卖出的信号。

(2)在 WMS 进入低位后，一般要反弹，如果这时股价还继续下降，这就产生背离，是买进的信号。

(3)WMS 连续几次撞顶(底)，局部形成双重或多重顶(底)，则是卖出(买进)的信号。数值信号是指由 WMS 的数值发出买卖信号：当 WMS 的数值大于 80 时，处于超买状态，行情即将见底，可以买入；当 WMS 的数值小于 20 时，处于超卖状态，行情即将见顶，可以卖出。

2. 随机指标(KDJ)

随机指标是美国投资专家 Geoge Lane 博士提出的。它是通过计算当日或近日的最高价、最低价及收盘价等价格波动的真实波幅，来反映价格走势的强弱和超买超卖现象,在价格尚未上升或下降之前发出买卖信号的一种技术工具。

随机指标(KDJ)的计算方法:

首先,计算原始随机值 RSV(Row Stochastics Value)

$$RSV(n)=(C-L_n)/(H_n-L_n)\times 100$$

式中:C 为当天的收盘价;H_n 和 L_n 分别为最近 n 日内的最高价和最低价;RSV 实质上就是威廉指标。

接着,计算 KD 指标值。K 值为 RSV 的 3 日平滑移动平均值,而 D 值又为 K 值的 3 日平滑移动平均值。

今日 K 值=今日 RSV×1/3+昨日 K 值×2/3

今日 D 值=今日 K 值×1/3+昨日 D 值×2/3

式中:1/3 为平滑因子,可以人为选择,但目前已经约定俗成,固定为 1/3。

最后,计算附带指标 J 指标:

$$J=D+2(D-K)$$

KD 是在 WMS 的基础上发展起来的,在反映证券市场价格变化时,WMS 最快,K 指标次之,D 指标最慢。

随机指标(KDJ)是三条曲线,KDJ 应用时主要考虑五个方面:一是 KD 指标数值信号;二是 KD 指标曲线形态信号;三是 KD 指标的交叉信号;四是 KD 指标背离信号;五是 J 指标取值范围。

KD 指标的取值范围是 0~100。数值信号是指由 KD 的数值发出的买卖信号:当 KD 的数值大于 80 时,处于超买状态,行情即将见底,可以买入;当 KD 的数值小于 20 时,处于超卖状态,行情即将见顶,可以卖出。

曲线形态信号是指由 KD 曲线的形态发出的买卖信号:当 KD 指标在高处位置形成双重或多重顶,则是卖出信号;当 KD 指标在低处位置形成双重或多重底,则是买入信号。

KD 指标的交叉信号:KD 曲线也存在死亡交叉和黄金交叉,K 线上穿 D 线是黄金交叉,是买入信号;K 线下穿 D 线是死亡交叉,是卖出信号。

背离信号是指证券交易价格走势与 KD 走势背离时,发出采取行动的信号。KD 指标处在高位,并形成两个依次向下的峰,这时证券交易价格还继续上升,就叫顶背离,是卖出的信号;KD 指标处在低位,并形成一谷比一谷高的走势,这时证券交易价格还继续下跌,就叫底背离,是买入的信号。

J 指标常领先于 KD 值形成底部和头部。J 指标的取值超过 100 和低于 0,都属于价格的非正常区域。大于 100 时为超买,是卖出信号;小于 0 为超卖,是买入信号。

3. 相对强弱指标（RSI）

相对强弱指标 RSI（Relative Strength Index）是与 KDJ 指标齐名的，它是以一特定时期内证券交易价格的变动情况推测价格未来变动方向，并依据证券交易价格涨跌幅度显示市场的强弱。

它可以显示出市场是买方市场，还是卖方市场，还是双方势均力敌，难分胜负，还可以显示当价格急剧上升时，何时出现反弹或反弹过程中是否转势。RSI 的计算：

$$RSI(n) = A/(A+B) \times 100\%$$

式中：n 为参数，用每天的收盘价减去上一天的收盘价，得到 n 的个数；$A = n$ 的个数中正数之和；$B = n$ 的个数中负数之和。

RSI 的应用：RSI 公式设计得巧妙，指数的波动幅度总不会超过"100"或跌至"0"而出现负数。RSI 根据其上下限发出市场"气势"的信息，上下限范围取决于计算 RSI 时所采用日数的长短，一般取 9 日或 14 日。9 日的 RSI 其上限（价格上升时可能遇到的抛售压力）为"80"，下限（价格下挫时可能遇到的吸纳引力）为"2"。

三、人气型指标

人气型指标是用以反映市场人气聚散程度的技术指标，常见的有心理线指标（PSY）、能量潮指标（OBV）、人气指标（AR）、意愿指标（BR）和中间指标（CR）等。

1. 心理线指标（PSY）

心理线指标是从投资者的买卖趋向心理方面，将一定时期内投资者看多或看空的心理事实转化为数值，进一步研判证券交易价格未来走势的技术指标。

心理线指标的计算公式为：

$$PSY(n) = \frac{A}{n} \times 100\%$$

式中：PSY 的参数是天数 n，A 为在 n 天中证券交易价格上涨的天数，表示多方的力量。PSY 的取值范围是 0～100。PSY 大于"50"是多方市场，PSY 小于"50"是空方市场。

需要说明的是，心理线所反映的是事后现象，事前并不能十分确切地预测，而且投资者的心理偏好又受诸多随机因素影响，随时调整，不可捉摸。特别是在一个投机气氛浓厚、投资者心态十分不稳定的证券交易价格中，心理线指标运用具有局限性。

2. 能量潮指标（OBV）

能量潮指标（On Balance Volume），即平衡交易量，人们更多地称为能量潮。

证券交易价格的有效变动必须有成交量配合,量是价的先行指标,把证券交易价格比喻为潮涨潮落过程,如果多方力量大,则向上的潮水就大,中途回落的潮水就小。

计算 OBV:首先假定已经知道了上一个交易日的 OBV,就可以根据今天的成交量以及今天的收盘价与上一日的收盘价的比较计算出今天的 OBV。其公式为:

$$OBV_t = OBV_{t-1} + sgn \times 今天的成交量$$

式中:sgn 为符号函数。当收盘价≥昨日收盘价时,sgn=+1,成交量计入多方的潮水;当收盘价<昨日收盘价时,sgn=-1,成交量计入空方的潮水。

能量潮指标(OBV)不能单独使用,必须与证券交易价格曲线结合使用。OBV 与证券交易价格升跌同步,可以确认证券交易价格升跌趋势;如果不同步,则认为可能反转。OBV 线是预测证券交易价格短期波动的重要指标,可为投资者确定证券交易价格的发展方向。

3. 人气指标(AR)、意愿指标(BR)、中间指标(CR)

人气指标(AR)、意愿指标(BR)、中间指标(CR)都是以分析历史证券交易价格资料为手段的技术指标,以反映市场人气聚散程度。其中,人气指标较重视开盘价,意愿指标较重视收盘价,中间指标则注重多空双方均衡的中间价格。多空双方的争斗是从某一个基点水平(或者是均衡价位)开始的。证券交易价格在基点水平上方为多方处于优势;反之,空方处于优势。人气指标、意愿指标、中间指标联合使用可以弥补各自的不足。

(1)人气指标(AR)选择的基点水平(市场均衡价格)是某一个交易日的开盘价。以最高价到开盘价的距离为多方向上的力量,以开盘价到最低价的距离为空方向下的力量,这样多空双方在当日的强弱可以被描述出来。

人气指标的计算:假设多方强度为 $H-O$;空方强度为 $O-L$,H 为当日最高价,L 为当日最低价,O 为当日开盘价。n 为人气指标(AR)的参数,一般确定为 26 天,则:

$$AR(n) = \frac{\sum(H-O)}{\sum(O-L)} \times 100 = \frac{P_1}{P_2} \times 100$$

人气指标(AR)表示 n 天以来多空双方总的强度比值,人气指标(AR)越大表示多方强度越大,人气指标(AR)越小表示空方强度越大。100 是分界线或均衡点。

(2)意愿指标(BR)也称买卖意愿指标。意愿指标选择的基点水平(市场均衡价格)是某一个交易日的收盘价。以最高价到收、开盘价的距离为多方向上的力量,以收盘价到最低价的距离为空方向下的力量,这样多空双方在当日的强弱可以被描述出来。

意愿指标的计算:假设多方强度为 $H-YC$;空方强度为 $YC-L$;H 为当日最

高价;L 为当日最低价;YC 为当日开盘价;n 为人气指标(AR)的参数,一般确定为 26 天,则:

$$BR(n) = \frac{\sum(H-YC)}{\sum(YC-L)} \times 100 = \frac{P_1}{P_2} \times 100$$

意愿指标(BR)表示 n 天以来多空双方总的强度比值,意愿指标(BR)越大,表示多方强度越大,意愿指标(BR)越小,表示空方强度越大。100 是分界线或均衡点。

(3)中间指标(CR)与人气指标(AR)、意愿指标(BR)计算方法差不多,只是选择多空双方的均衡点为基点水平(市场均衡价格)。均衡点选择为昨天的证券交易价格中间价 YM。中间价 YM 的计算为:

$$YM = (2YC+H+L)/4$$

或 $$YM = (YC+H+L+O)/4$$

或 $$YM = (YC+H+L)/3$$

或 $$YM = (H+L)/2$$

那么,中间指标(CR)的计算公式为:

$$CR(n) = \frac{\sum(H-YM)}{\sum(YM-L)} \times 100 = \frac{P_1}{P_2} \times 100$$

中间指标与人气指标、意愿指标的分析和表现的关系比较接近,只是选取的参考指标不同。三者联合使用,可以消除各自的不足。人气指标、意愿指标和中间指标也有一定的局限性。事实上,证券市场的 K 线理论分析中,上影线越长,越不利于证券交易价格上升,下影线越长,越不利于证券交易价格下跌。而人气指标、意愿指标和中间指标这三个指标正好相反。这就是不同技术分析方法之间,由于不同分析方法所选取参数和考虑问题角度不同,产生分析结果相互矛盾的原因所在。

四、大势型指标

大势型指标是用以反映大盘走势的技术指标。大势型指标构造的基本原理是通过计算每日上涨和下跌股票只数的累积情况的对比,反映市场人气盛衰和大势走向。常见的大势型指标有腾落指标(ADL)、涨跌比指标(ADR)及超买超卖指标(OBOS)等。大势型指标只能用于研判证券市场整体走势,而不能应用于个股分析。

1. 腾落指标(ADL)

腾落指标(Advance & Decline Line),即上升下降曲线。ADL 是以股票每天上涨或下跌的只数作为观察的对象,通过算术加减来比较每日上涨股票和下跌股票只数的累积情况,形成升跌曲线,并与综合指数相互比较,对未来的大势进行预测。

腾落指标（ADL）的计算公式为：

当日腾落指标 ADL＝昨日腾落指标 ADL＋（当天股票上涨只数－当天股票下跌只数）

腾落指标（ADL）的应用：①ADL 与证券交易价格曲线联合使用对大盘进行研判；②ADL 曲线形成先于大盘指数形成的形态，因此可以应用形态学的内容研判大盘走势。

2. 涨跌比指标（ADR）

涨跌比指标（Advance & Decline Ratio），即上升下降比。它是股票上涨只数和下跌只数的比值，是推断证券市场多空双方力量的对比，进而判断出证券市场走势的指标。

涨跌比指标（ADR）的计算公式为：

$$\mathrm{ADR}(n) = \frac{\sum N_A}{\sum N_D} = \frac{P_1}{P_2}$$

式中：n 为 ADR 的参数，取值可以根据需要确定，目前取值为 10；P_1 为 10 日内股票上涨只数之和；P_2 为 10 日内股票下跌只数之和。

涨跌比指标（ADR）的值在"1"附近变化，等于 1 表示 n 天内多空双方总力量相当；大于 1 表示 n 天内多方总力量大于空方；小于 1 表示 n 天内空方总力量大于多方。一般来讲，对统计 n 天数选择合适使得 ADR 值在 0.5～2 之间，这样 ADR 在应用中具有较好的可靠性和敏感性。

3. 超买超卖指标（OBOS）

超买超卖指标（Over Bought Over Sold），是运用上涨和下跌的股票只数的差距对大势进行分析的技术指标。与涨跌比指标（ADR）相比，其含义更直观，计算更简便，其主要用途是衡量大势涨跌趋势，实质是一种加大腾落指标（ADL）线振幅的分析方法。

超买超卖指标（OBOS）计算公式为：

$$\mathrm{OBOS}(n) = \sum N_A - \sum N_D$$

式中：n 为选取的参考天数。

实质上，超买超卖指标（OBOS）是 n 天内股票上涨只数总和与下跌只数总和的差值。计算的数值是 0 时，说明多空双方均衡；大于 0 为多方占优势；小于 0 则为空方占优势。

超买超卖指标、腾落指标、涨跌比指标都是证券市场大势的分析工具，不能用在个股分析中。

五、其他技术指标

世界上各种各样的技术指标成千上万,它们都有各自的拥护者,常用指标或非常用指标仅仅相对于分析者的不同需要、不同喜好而言。分析软件中常见的指标有以下六种。

1. 动向指标(DMI)

动向指标(Directional Movement Index),是通过分析证券价格在涨跌过程中买卖双方力量的变化情况,进而推断价格变化趋势的一种技术指标。

2. 转向指标(SAR)

转向指标(SAR)是利用价格变动和时间变动双重功能随时间调整停损点位置的技术方法。由于组成SAR线的停损点以弧线的方式移动,因此又称"抛物线指标",它的图形和运用与移动平均线非常相似。

3. 布林线(BOLL)

布林线(BOLL)是利用统计学原理,求出证券交易价格的标准差,以求得价格在运行中可以信赖的波动区间的指标。

4. 宝塔线(TOWER)

宝塔线(TOWER)是以白黑(虚、实)的实体棒线来划分证券交易价格的涨跌,并研判其涨跌趋势的一种线路,也是将多空之间拼杀的过程与力量的转变表现在图中,并且显示适当的买卖时机。

5. 指数平均数(EXPMA)

指数平均数(EXPMA)也称为均线型指标。该指标克服了MACD指标信号滞后的弱点,在计算平均数时加重了当天行情的权重,可以迅速反映出证券交易价格的涨跌。

6. 选股型指标(CSI)

选股型指标(CSI)是比较所有上市公司的CSI值,可选择投资价值较高的股票。它需要配合动向指标(DMI)使用。

1. 技术分析分为哪四大类?每类指标有哪些?
2. 各种指标的运用与局限性是什么?

第七章 心理分析流派原理与方法

心理分析流派假设与前提:"人具有欲望(生存、权利、存在价值)""经济人"
理论依据:个体心理学、群体心理学以及社会心理学的理论
研究内容:研究人的兴趣、爱好、态度、情感、行为模式、意志等对投资行为的影响
方法的优点:注重对投资主体行为的研究,是行为金融研究的发展方向
方法的缺点:对市场的经济运行规律把握不足,过分注重投资者的行为与情感体验
适用范围:不成熟市场和市场出现重大变革时期

第一节 证券市场的心理学原理

证券投资心理分析流派,分析证券市场的理论依据是,将证券市场人性化处理,对证券市场特性和变化规律进行人本化研究。它主要包括两个研究方向:其一,认为证券市场投资是单个投资者参与的。分析影响市场表现的行为和结果的因素,是通过个体投资心理活动和个性心理特征表现出来的,称为个体心理分析。其二,认为证券市场投资是群体参与的。影响市场表现的行为和结果的因素,是群体心理活动和群体心理特征综合表现出来的,称为群体心理分析。

个体心理分析的理论依据是把投资者假设成逐利的"经济人",基于"人的生存欲望""人的权力欲望""人的存在价值欲望"三大心理分析理论,旨在解决投资者个体在进行投资决策过程中的各种心理障碍问题。证券投资心理分析中的个体心理分析,从个体的个性心理活动过程和个性心理特征、投资者所做的投资决策过程和投资行为的心理活动过程等方面进行研究。

群体心理分析的理论依据是物以类聚、人以群分的基本假设,基于群体趋同心理理论与逆向思维理论,旨在解决投资者在市场进行投资过程中,如何让个体决策保持正确的观察视角的问题。群体心理分析则重点对群体心理现象和人际关系、个体行为与群体意志间、个体与群体趋同、在群体压力所产生的从众行为、个体与群体背离、在个体加强意志下做出的逆向思维。不同的行为模式和思维方式均会对投资结果带来影响。

同时,心理分析流派也分析研究证券市场的个体心理与群体心理之间的影响问题,而且还关注社会心理问题,主要是因为社会心理学在证券市场投资过程中的影响也是值得研究的范畴。

由于投资者个体存在着不同的个性心理特征,因此不同的投资者在进行投资活动过程中,他们的投资决策与行为过程具有明显的差别,不同的个体之间具有不同的投资偏好和投资心理体验,表现在投资风险度的控制、投资品种与时机的选择等方面的差异。

一、个体心理与投资心理分析

1. 气质、能力与投资决策、行为的偏好

个性心理特征包括人的态度、气质、能力、意志和性格等方面。

我们进行心理学分析过程中,可以以人类的气质为例,分析人类的个体心理特征。"气质"这一概念与我们平常说的"禀性""脾气"相似。气质是一个人生来就具有的,是后天性格形成的重要的生物学条件(气质的先天性很强,所以很难改变)。在日常生活中,个体间的活泼好动,或安静沉稳,或情绪细腻深刻等,是气质的不同的心理活动的动力特征所在。

气质可以按照自己的动力方式渲染性格特征,使性格特征具有独特的色彩,并影响到一定性格特征的形成或改造的速度。譬如,多血质者在帮助别人时往往动作敏捷,情感明显表露于外;而黏液质者则可能动作沉着,情感不怎么表露出来。再如,要形成自制力,胆汁质的人往往需要作极大的努力和克制;而抑郁质的人则比较容易形成,他用不着特别控制自己就能办到。

气质在个人后天的生活实践过程中,也受到了性格的改造和掩蔽。个体的气质类型是可以通过日常生活中,对自己的观察或他人的评价,还可参考一些气质量表的测量结果。

从严格意义上讲,气质不存在好坏之分,只有对具体的工作或活动的适合与不适合之别。不同的气质类型都有其优点和缺点。如多血质的人情感丰富,反应灵活,易接受新事物,但是情绪不稳定,精力易分散;胆汁质的人直率热情,精力旺盛,反应迅速而有力,但是脾气急躁,易于冲动;黏液质的人安静稳重,善于自制,但是对周围事物冷淡,反应迟缓;抑郁质的人情感体验深刻而稳定,观察敏锐,办事认真细致,但是过于多愁善感,行为孤僻。

传统分析方法是把气质划分为四种典型的类型(表7-1)。

表 7-1 个体气质四种典型的类型

典型的类型	差异
多血质	感受性低,耐受性较高;不随意的反应性强;具有可塑性和外倾性;情绪兴奋性高,外部表露明显,反应速度快且灵活
胆汁质	感受性低,耐受性较高;不随意的反应性高,反应的不随意性占优势;外倾性明显,情绪兴奋性高,抑制力差;反应速度快,但不灵活
黏液质	感受性低,耐受性高;不随意的反应性和情绪兴奋性均低;内倾性明显,外部表现少;反应速度慢,具有稳定性
抑郁质	感受性高,耐受性低;不随意的反应性低;严重内倾;情绪兴奋性高而体验深,反应速度慢;具有刻板性,不灵活

气质是人典型的、稳定的心理特征,表现了人的神经活动强度、平衡性和灵活性等方面的特点。在投资过程中主要表现在情绪体验的强度、速度,表现的显隐,思维与反应的灵敏或迟钝,决策与行为的速度与节奏等。气质给投资者个体的整个心理活动的表现涂上了个人的独特色彩。根据心理学对气质类型的划分,我们可以发现不同气质类型的投资者具有不同的决策和行为的心理活动过程。由于人类的气质类型的差异,因此造成投资收益期望值特点与投资偏好、风险承受力也不同(表 7-2)。

表 7-2 典型的气质类型个体的特质与行为表现

气质类型	个性特质	研究结论	投资行为表现
胆汁质	表现为精力旺盛、态度直率、易激动和暴躁,相当于高级神经活动的兴奋型,高级神经活动表现为:强和不平衡。活动的特点带有周期性,能够以极大的热情去工作,克服前进中的困难。但如果对所从事的活动失去信心,情绪顿时转为沮丧,是受他们的神经活动过程的不平衡性决定的	巴甫洛夫认为强型的人如果没有这种均衡,那么只要他迷恋上任何事业,便会将自己的资财和精力挥霍无度,及至最后他竭尽所能,消耗过度,而一直到真正感到忍无可忍之前不会善罢甘休	比较喜欢波动性强的市场,对市场的脉搏把握比较好。他们决策果断,行动迅速,喜欢冒险性强的、风险性高的投资品种,对来自外界的信息和机遇,勇敢地面对并大胆地尝试。表现为追涨杀跌,进出频繁,对市场的投资缺乏耐心,冲动性的投资行为较多发生,对自己的行为很少反省,对投资风险关心不够

续表 7 - 2

气质类型	个性特质	研究结论	投资行为表现
多血质	表现为活泼、热情、机智敏锐，相当于高级神经活动的活泼型，高级神经活动表现为：强、平衡、灵活。由于他们容易形成和改变神经活动的暂时联系，以及神经活动的高度灵活性，往往表现为智慧和灵敏	巴甫洛夫把这种类型的代表称为热忱和具有显著工作效率的活动家。在工作中他们机智敏锐，对新鲜事物敏感，能够做到反应迅速而敏捷	喜欢搜集各种信息，对各种机会都表现积极，喜欢分析研究各种可能的投资机会、投资品种，他们的投资方案中结构比较繁杂，风险意识较强，能够把握各种投资机会，不怕失败，投资行为比较理性，但也会因为投资过于分散，而出现顾此失彼的现象
黏液质	表现为稳重、态度持重、坚定而顽强，相当于高级神经活动的安静型，高级神经活动表现为：强、平衡、不灵活。他们具有较强的自我克制能力，埋头苦干自己份内工作	巴甫洛夫把这种类型的代表称为安详的、始终是平稳、坚定和顽强的实际工作者	不善于改变自己的投资策略。行为方式一般比较自我，比较相信自己的分析研究结果和判断，对待投资品种和采取的投资策略比较重视，需要反复推敲，对没有绝对获利把握的机会，不会盲目地采取行动，把成功率看得很重，不喜欢冒险投资，风险控制得很好，因此会失去投资机会
抑郁质	表现为细心、孤僻、谨慎、多愁善感、感受能力强、犹疑不决、优柔寡断，相当于高级神经活动的抑制型，高级神经活动表现为：弱、平衡、不灵活	巴甫洛夫把这种类型的代表称为孤僻而注重个人体验，过度沉默的人。工作时非常小心谨慎，容易形成自我封闭或神经质	对待投资方案较细心，对待投资策略非常谨慎而保守。他们不会轻易采取行动，而是尽可能地回避投资风险，决策时受过去投资行为的成败经历所影响，很少有满仓，大多是在尝试性地进行投资

不过,上述四种气质典型的类型划分是一种理论抽象,生活中很少见到某种典型的气质类型的人,大多具有混合的特征。严格的气质类型划分可以包括:①胆汁;②多血;③黏液;④抑郁;⑤胆汁-多血;⑥多血-黏液;⑦黏液-抑郁;⑧胆汁-抑郁;⑨胆汁-多血-黏液;⑩多血-黏液-抑郁;⑪胆汁-多血-抑郁;⑫胆汁-黏液-抑郁;⑬胆汁-多血-黏液-抑郁等。

在证券市场投资群体中,存在着不同气质类型的人。不同气质类型的个体在投资过程中,不存在优劣和好坏之分,只是导致投资决策过程和投资行为出现差异。四种气质典型的类型差异表现为:胆汁质的人投资行为比较冲动,在决策时表现为果断,风险控制差,投资失败的承受力强;多血质的人投资行为积极,决策中能够把握各种机会,采取行为时反应快,风险控制意识较好,能够承受失败;黏液质的人投资行为比较谨慎,比较认真地对待各种机会,决策时比较注意分析研究,注重考虑风险因素,害怕投资失败;抑郁质的人投资行为比较持重,决策过程比较长,需要通过大量的分析研究后才进行尝试,对成功期望高,害怕失败,风险意识强,不能接受失败。

气质只是人的性格和能力发展的一个前提,各种气质类型的人都有可能在事业上取得成就。譬如,苏联的四位著名文学家就是四种不同气质类型的代表:普希金属胆汁质,赫尔岑属多血质,克雷洛夫属黏液质,果戈里属抑郁质。

气质本身是不能预测成就大小的。对个体气质划分的意义在于:尽量根据自身的特点选择最适合的发展方向和人生道路。个体在证券投资活动过程中,可以正确选择适合自己的投资方式和调整投资心理预期收益。

气质是人类先天固有的心理因素,将导致他们的行为具有一定的差异。投资者后天可以通过学习、培养、教育、训练等改变自己的性格来弥补气质缺陷,这种性格的改变就体现在能力的培养上,而能力是与工作紧密相连的,对于不同的工作会有不同的能力要求。

在证券市场进行投资,对能力的要求是很高的。有人说,证券市场投资是能力的较量,因此证券投资分析过程又可以理解为博弈过程。其实这种说法一点不为过,因为他们的能力的表现形式,可以直接通过投资收益转化为可度量的价值。

心理学把人们能够顺利地完成某种活动的心理特征称为能力。能力包括一般能力和特殊能力两种。一般能力包括观察能力、记忆能力、想象能力和思维能力等,它是一切活动都需要的;特殊能力对证券市场投资者而言,是指完成证券投资活动的能力,包括市场感觉能力、投资机会判断与决策能力、市场信息的分析鉴别能力、投资风险控制能力、对投资资金收益控制能力等,这些能力是投资活动成功的关键。单纯的一种能力是不能保证完成证券投资活动的,而是需要几种能力的综合,这种综合能力叫才能。证券投资活动需要的才能是:敏锐的观察能力、信息记忆能力、果敢的决策能力、信息分析研究能力、对投资收益与风险控制能力等。

证券投资的个体心理分析来源于个性心理学的研究基础。根据证券投资心理分析的理论,结合对个体行为心理过程的研究,应该注重对投资者行为的激励机制的研究。

2. 证券投资的个体心理与激励

激励是指通过各种有效的激励方法与手段,激发人们的正确动机,调动人们的积极性与创造性,充分发挥人们的智力效应。投资者在证券投资活动过程中,一次投资活动的基本心理过程所包含的内容有:由于投资获利的目标对投资者形成刺激,激发他们产生投资需要,投资需要引起投资动机的形成,投资动机诱发投资行为的发生,在行为过程中有目标行为和非目标行为并存着,个体必须排除非目标行为的干扰,使目标行为予以实现。最后投资行为的结果将与目标进行比较,通过比较结果与投资目标的差异,投资者会因此带来不同的心理体验。

当需要得到满足后,又有新的目标诞生,新的目标产生新的需要,新的需要诱发新的动机,新的动机引起新的行为,周而复始。这就是证券投资活动中投资者行为的心理过程。

研究证券投资者的投资行为模式,分析激励的功能和作用是非常重要的,因为激励对投资者的行为产生重要的影响。激励的方式多种多样,激励的形式也非常繁杂,但激励的最终目的是提高投资者的劳动效率。投资者劳动效率的直接体现是反映在投资收益率中,效率高收益肯定理想,效率低收益就差些。

在证券市场进行投资的投资者收益的增加与减少,一方面来自对市场投资获利的机会把握,另一方面也是投资者群体之间博弈的结果。如果投资者的投资收益都普遍增加,那么肯定是市场一直走强,证券的价格普遍上涨,也许会导致证券市场泡沫的增加,后果必然导致证券市场投资风险的积聚和提高,这当然是不利于证券市场的健康发展的。

从理性意义上讲,证券市场的发展与投资者的劳动效率提高,两者之间是相辅相成的。如果不关心证券市场的发展问题,只过分强调投资者劳动效率的提高,等同于杀鸡取卵。换句话说,有效的激励机制与证券市场的发展相关,而投资者的心理健康问题就成为证券市场投资分析应该关心的问题。在探索激发投资者的劳动效率时,不能简单地理解为投资者投资收益的增加,而应该关心证券市场的发展问题,以及培养良好的投资人际心理环境问题。

在研究证券市场主体心理问题时,我们认为证券市场的群体心理状况和投资环境对投资者的个体心理也会产生严重的影响,因此在研究个体心理问题时,需要对群体心理问题进行研究。

二、群体心理与投资心理分析

1. 群体心理环境影响个体投资决策和行为

尽管我们都非常注重对投资者个体的能力和心理素质的研究,然而也需要对证券市场的投资人际环境、市场主体的群体心理进行研究。相关的研究认为,群体心理对个体心理的影响是非常大的。

证券市场的群体包括正式群体和非正式群体。正式群体是指证券市场内的一群人,各成员间互相依存,在心理上彼此意识到对方,在行为上互相作用,为达到某种目标而结合在一起。他们带有明显的组织,如券商群体、基金公司群体、社保投资机构、QFII投资机构、QDII投资机构等机构投资者群体。而非正式群体则是没有法定程序,没有文件规定,而是基于投资证券市场的人际环境自然形成的。如在相同的证券营业部进行投资的群体、拥有相同投资品种的投资群体等。尽管正式群体的投资环境是有组织、有纪律的,投资活动是按照既定的投资策略和投资预期收益,投资活动具有严密性和目标性。然而,非正式群体也具有以下六个特点:即很强的凝聚力;心理协调力;群体对个体心理有一定的影响;自然形成核心人物;信息沟通灵;成员的重叠性。

证券市场中的正式群体是指各种类型的组织和机构,他们的投资获利目标、分析研究及决策过程、投资行为模式等,相对来说是有系统性的,他们可以通过组织管理来实现对个体投资行为的控制。而非正式群体是游离于组织之外的,他们对证券市场的环境影响既有积极的,又有消极的。积极的是信息传播在成员之间是无序的,成员之间的感情交流和安慰可以消除市场造成的紧张心理,成员间的互相教育可以提高投资决策水平;而消极的是消息传播渠道的畅通造成谣言四起的局面,干扰正常的投资环境,影响个体的投资决策等。

2. 群体心理与健康投资环境

证券市场的群体心理问题,主要是投资心理环境的建设与人际关系的问题。投资者在证券市场进行投资的实践过程中,通过各种交往和各种联系产生了各种各样的相互关系。这种交往与联系,经常受到双方各自的心理特征的制约,并伴随着一定的心理体验与心理反应,如满意或不满意,主动或被动等表现,反映和维系着投资者群体之间相互交往与联系的关系,就是投资人际关系的基本范畴。

投资人际关系不仅直接影响着群体的投资环境,而且对投资者个体的投资行为经常发生积极或消极的作用。投资者在投资过程中,成功与失败是经常伴随的,如果处在良好的人际关系中,投资者个体的投资行为的成功与失败就会得到群体的认同,就能够得到较好的心理体验。相反,投资者的投资行为得不到群体的认同,就会对投资个体造成心理冲突,形成紧张的人际关系。

不同的投资群体形成和培养着不同的群体心理环境。证券市场的投资环境是由国家的各种政策、经济形势、上市公司的经营状况和市场的发育程度等因素决定的,而投资群体之间进行着智慧与技巧的博弈过程,投资者处在竞争的环境中,靠的是投资者的信心和理性,在好的环境中,投资者的信心会提高,决策也会趋于理性。如果投资者对证券市场的投资环境充满信心,投资者的投资行为都是理性的,那么证券市场就会得到健康的发展。

证券市场可以说就是人气市场,是投资群体的感知、认识、态度和情感的客观集中的反映。在1994年至1996年上半年,证券市场投资获利的机会是巨大的,但大家就是没有投资动机和参与投资的热情,因此市场长期处于低迷状态。而从1996下半年至2000年上半年,市场的风险在提高,而投资者热情不减,因而市场一直火爆。从2000年下半年开始至2004年底,市场的发展就像激情过后的温柔,投资者群体的抵触情绪使市场的人气涣散。到2005年至2007年上半年演绎了中国证券市场的火爆性的行情,投资者在疯狂的市场过后,换来的是近十年的投资氛围的颓废和市场的长期萎靡。这就是市场反映的投资群体的心理状况,给投资者带来不同的心理感受和体验。

当然,投资者的心理体验是多方面的。只有良好的个体心理体验,才是证券市场投资心理健康的基础,也是证券市场发展的前提。证券市场的良好投资心理环境,需要依靠投资者群体共同培育,而良好的投资环境又反过来对个体带来健康的投资心理体验。

3. 群体心理对个体投资的影响

群体心理对个体投资决策的影响,主要是受其他群体成员的认识、感情和行为的影响,往往表现出不同于个体在单独情况下的心理反应。群体心理对个体投资决策的影响表现在助长作用、标准化倾向和从众行为等方面。

心理学研究表明,群体中的个体与其他人一起工作时,即使他们之间互相不沟通,由于其他人在场,也会激发工作动机,使工作效率提高,这称为社会助长作用。投资活动是创造性思维活动,多数人在一起工作效率并不会提高,有时还分散注意力,增加决策干扰。但群体的智慧可以互相启发,开拓思路,有助于分析研究,降低投资风险。

一般情况下,个体对事物的知觉、对事物的判断以及决策的速度和投资预期收益期望值,在自我的情境下差异很大。但个体在投资群体中,其个体差异明显变小,趋于一个基本的标准,称为社会标准化倾向。这是由于投资群体间相互暗示与模仿,使投资者按照群体的示范代替了个人的反应。投资者在投资活动中,对投资活动的预期收益的期望值,受到投资环境中群体投资平均收益水平所影响。也就是说,群体形成的投资环境对个体投资者发挥着潜移默化的影响作用。

个体在群体中,往往不自觉地受到群体的影响和压力,表现在知觉、判断和行为上与群体内多数人一致的现象,这种现象就是从众行为。从众行为与个体心理特征和能力有关,智力低者容易从众;情绪不稳定、焦虑者容易受环境压力而从众;自信心差者容易从众;与人相处持依赖别人者容易受别人的影响而放弃自己的意见。

在证券投资活动过程中,群体的投资心理倾向是形成市场发展趋势方向的基础,如果投资群体都认同市场后期良好的投资回报,就会推动市场走强,反之市场走弱。只有在群体之间出现冲突时,市场才会波动起伏。事实上,投资者在强市或弱市时,投资行为的从众性是正确的。

一般来说,在证券市场投资过程中,投资者的投资行为与群体的行为一致时,心理上感到安定。有时投资者的投资行为也经常会出现"叛逆",特别是在群体对市场发展的认识一致性地看多或看空时,而理性的投资者多会运用"叛逆"进行决策。对于"叛逆",心理学称为逆向思维。

逆向思维是证券市场投资活动过程中投资者个体经常使用的,也是证券投资心理分析的依据。逆向思维是个体在证券市场进行投资过程中存在的心理定向思维模式,体现在证券市场只是少数人的投资行为能够获胜,尽管从众行为可以形成市场发展的趋势,但真正的投资获利机会是打破惯性思维模式的过程进行投资所形成的。

在证券市场的投资中,如果把投资行为的有效性作为衡量投资者投资成败的依据,那么就会得出这样的结论:证券市场的投资者是不正常的"臆想家"群体,因为他们投资的是在证券市场中获得证券的预期收益,是建立在信用和期望中的。相关研究认为,在华尔街进行证券投资的投资者群体里,他们都存在不同程度的心理疾病,所消耗的心理诊疗费用占个人收入的比例最高可达 1/3,比其他行业用于此项开支都高。因此,对证券市场的投资环境与心理健康问题是值得重视的,需要加以研究。

三、社会心理与投资心理分析

1. 投资者的态度形成过程

态度是指个体对某一客体所持有的评价与心理倾向。心理学认为态度是由认知、情感和意向三个因素构成的、比较持久的个人的内在结构,它是外界刺激与个体反应之间的中介因素。相关研究表明,态度是潜在的,主要是通过他们的言论、表情和行为来反映的。而投资者的态度则是投资者对证券市场或在证券市场进行投资活动中所持的评价与心理倾向。投资者的态度作为一种心理现象,既是指投资者的投资活动的内在心理体验,又包括他们对证券市场进行投资的行为倾向。

投资者的态度是投资者在证券市场进行投资活动过程中形成的。人从出生到成为社会人的过程中,会逐渐对周围的世界形成种种的态度,心理学家凯尔曼(H. C. Kelmen)通过研究,于1961年提出了态度形成过程,可分为服从、同化和内化三个阶段。

这样,我们对证券市场投资者的态度形成过程,是不是也可以理解为:刚进入证券市场的投资者,为了在证券市场进行投资活动获得回报而采取的是表面服从行为,服从行为不是他真心意愿的行为,而是害怕失败而学习和模仿别人的投资决策方式,这时他们的投资行为表现为跟风和盲从(这个阶段称为服从阶段);接着,投资者在证券市场进行投资不是被迫而是自愿地接受现有的投资理念或其他投资者的观点、信念,尽量使自己的投资行为与过去的成功经验保持基本一致,使投资者的认知程度和情感得到健康发展,这个阶段投资者的投资行为表现为从众行为和追涨杀跌(实质上这个阶段是同化阶段);然而,证券市场的变幻莫测,投资者从别人的学习与同化中不能很好地获得满足,这时投资者会自觉地分析和学习成功案例的理念,自我地分析和研究证券市场的运行规律,反复地实践和思考,形成自己的理性投资态度(这个过程称为内化阶段)。

投资者在证券市场进行投资活动的过程中,通过学习、模仿、体验、尝试等认识和行为活动,逐渐形成对证券市场投资的态度。态度的形成是受欲望、知识、个人的群体观念、个性心理特征和个体的经验等因素影响的,投资者对投资获利欲望的满足影响着投资者态度中的情感和意向成分。如果投资者在投资过程中获得成功(盈利和成功逃避风险),那么他就会产生愉快的情感体验。

投资者的知识水平影响着投资者态度的认知成分,不同知识水平的投资者之间对证券市场投资的期望和认识就存在差距。在证券市场中群体的行为规范和群体的意志对投资者个体的态度行为具有支持和采纳的倾向,在证券市场进行投资活动不是封闭式的,而是在投资群体中进行充分的交流与学习,市场的表现就是投资群体的意志和行为的结果,违背证券市场的走势的投资行为是会受到挫折的。

对于不同的个性心理特征的投资者在证券市场中形成的态度是有差异的,由于投资者的个性心理特征的差异,投资者的炒作行为表现为稳健型、冲动型和放手型等。投资者的经验对他的态度形成有着密切的联系,投资者的证券市场投资的经历对他的个人态度的形成具有很好的辅助作用。

通过研究投资者的态度的心理结构不难发现:认知因素是指投资者对证券市场的各种机会和投资品种的真假好坏带有评价意义的叙述,叙述内容包括投资者对证券市场各种机会和投资品种的认识、理解、相信、怀疑、赞成或反对等;情感因素是指投资者对证券市场进行投资过程中所产生的情感体验,如喜欢或厌恶;意向因素是指投资者对证券市场的变化的反应倾向,即行为的准备状态,准备对证券市场的变化和机会作出某种反应,如想参与或想回避等。这三个心理因素是互相协调一致的,多数情况下是十分和谐的,不会出现矛盾,但有时也会出现不一致的情况,当三者出现矛盾时,其中的情感因素起主要作用。

态度一经形成就会使个体具有一种内在的心理结构,从而对其行为会发生一定的倾向作用。态度对于投资者的行为影响具有很重要的作用,不仅会影响投资者的知觉与判断,还会影响他们的工作与学习的速度和效率。

2. 投资者态度的特性与功能

心理学研究认为,态度具有社会性、针对性、协调性、稳定性和潜在性等特征。

证券市场是投资者云集的场所。换句话说,证券市场是个小社会,投资者在证券市场进行投资形成的态度与证券市场的环境(小社会)互为影响和作用,这就是投资者态度社会性的基础。

投资者的态度对投资者发挥的作用体现在,能够把握证券市场中特定的投资品种或机会,也就是说态度要具有明确的对象,如投资者对股票与债券等交易品种之间的偏好与喜爱,对大盘股与小盘股类型之间的钟情与厌恶等,这就是投资者态度针对性的源泉。

投资者正常的态度与个体的认知、情感和意向等心理成分是相互协调一致的。投资者由于注重投资机会的把握和品种的选择(认知),因此他们在选择品种和把握机会时非常认真,会很好地认同投资品种和珍惜投资机会(情感),并做好投资决策前的各项准备工作(意向),这就是投资者态度协调性的依据。

投资者的态度形成和强化,是在投资获利需要的基础上,经过长期的投资活动的感知和情感体验形成的。其中情感的成分占有重要位置,并起强有力的作用,使得投资者的态度具有强烈的情感色彩,成为投资者个性的一部分,使投资者的态度具有稳定性和持久性,这就是投资者态度稳定性的理由。

由于投资者的态度是一种内在的结构,它虽然包含有行为倾向,但不是行为本身,是不能直接被观察到的,因此可以说投资者态度具有潜在性。

心理学家卢森堡(M. J. Rosenberg)提出的态度的内在结构动态图解见表 7-3。

投资者的态度一旦形成,就会表现为认知、情绪、动机的功能。投资者的态度形成后,会对投资者的行为反应提供具体信息,也会影响对后继刺激的接受,对后继刺激所具有的价值能够发挥判断作用和理解作用。态度能够使投资者有选择地接受有利于自己的、合适的信息,拒绝不合适的信息,也会曲解地接受错误信息而产生错误的认识,形成偏见。态度形成后,投资者的某种期望、某种目标与其态度相一致就会带来满足感,否则就是不满足或失望。态度具有动机作用,形成的态度会驱使投资者趋向或逃离某种事物,它规定了什么是偏爱、什么是期望、什么是渴求、什么是想要避免。

表7-3 态度的内在结构的动态表

刺激(态度对象)	态度(成分)	反　　　应
人物、事件、情感和社会问题	情感 认知 意向	神经及内分泌腺的反应,情感的语言反应 认识反应及观点的语言反应 外部行为和行为的语言反应

态度形成是"定势→固定定势→总的兴趣倾向性→价值定向体系"的发展过程。投资者在投资活动中成功的投资过程会首先成为基本的心理定势,如果这种定势得到周围投资者的认同,而且在今后的投资过程中得到肯定,就会成为固定定势。投资者在后来的投资活动中会受固定定势的影响,如果得到进一步的认同和更多的投资群体的认可,就会成为总的兴趣倾向性。如果总的兴趣倾向性成为投资者的个人价值的取向,就逐渐形成投资者的价值定向体系。投资者的价值定向体系是投资行为和决策的内在动力,它是非常难以改变的。

3. 投资者的态度与行为、价值观的关系

投资者在证券市场的投资经历和投资者的社会阅历形成了自己的投资理念、理想和态度。心理学研究认为,态度来自价值,价值是态度的核心,这是态度的最基本的要点。个体的态度与自身的价值观有直接的联系。价值是指态度对象对个体的意义,人们对待事物的意义取决于他们的需要、兴趣、信念和世界观等个性倾向。而价值观代表着个体对周围事物的看法和行为倾向,也是个体对某事物的善恶、是非和重要性的评价。就相同的事物而言,由于人们的价值观不同,就会产生不同的态度,因此投资者对在证券市场中进行投资的价值取向和目标定位影响着投资者的态度形成。投资者在证券市场进行投资的经济价值、理论价值、审美价值、社会价值等影响着投资者的投资态度。譬如,投资者是简单地为了投资获利,那么他们的态度表现为对每次盈利是愉快的,亏损则是懊恼的。如果投资者是职业的投资经理,他们把投资作为自己的职业,他们注重自己的社会价值和个人的成就,而对于每次投资的成败的情感体验就不会那么强烈。

投资者的价值观不同,在证券市场进行投资的不同个体之间就存在着不同的态度。而且,对于同一事件,不同的投资者会产生不同的价值。譬如,市场中的投资品种基本面发生变化所带来的投资机会,对希望把握这种机会的投资者而言是有价值的,他们的态度肯定是希望得到更多有利于自己投资的信息,并分析其信息对该品种价格影响的大小。而对于不参与的投资者而言,这种信息可能是没有价值的,他们会认为这是正常的事件,信息的影响大小都是合理的,他们的态度是无所谓。

投资者的态度是一种内在的心理结构,又是一种行为倾向,并对行为起到准备作用。一般情况下,态度与行为是一致的,有什么样的态度就会有什么样的行为表现。行为与态度不是一对一的,而会出现不一致的现象,因为行为不是由态度唯一性所决定的,行为受许多因素影响,如社会道德规范、传统的生活习惯,受当时情境,尤其是对行为结果的预期等影响。证券市场的投资者的态度具有隐蔽性,直接观察投资者的态度很难,但态度可以通过其行为表现分析得到。

因此,我们可以得到这样的认识:态度是以价值为核心,态度影响行为。投资者在证券市场进行投资,在投资活动过程中会逐渐形成态度,而态度一经形成,就会对投资者后续的投资活动产生定势作用。这种心理定势对投资活动会带来积极的一面,但也可能是消极的,而且还会产生负效应。

传统的投资经济理论,对证券市场投资问题研究的立足点,应该是关注人们利用证券市场,对资源进行转移和再分配。该理论认为投资者关心的是将拥有的资源通过证券市场的投资活动取得资本的保值与增值问题,把投资者经济活动的效率与效用作为评价活动的经济指标,这也就是"经济人"的理论。人的活动是逐利的,人的活动目的受利益驱动,获取更大的经济利益是人们行为的动因。因此,可以这样认为,人的经济活动有时是不能用简单的经济效用来分析,特别是经济活动中非经济利益化的行为更是如此。有时人们会为了满足非利益性需要而进行经济活动。

我们分析研究证券市场的投资者,他们面对自己的投资活动带来的是资本的损益时,依然会保持高度的投资积极性,他们的投资活动和行为用传统的经济理论进行分析会得出这样的结果:证券市场的投资者是缺乏理性的,他们的投资行为是非正常人的行为方式,他们中只有10%的人获得目标实现的满足,20%的人徒劳地努力着,而70%的人没有满足感。换句话说,他们不是正常人,至少可以说是有某些偏执,他们会是消极的情绪、情感集中的人群。但事实上,证券市场的投资者都是正常的自然人,他们都快乐地生活和努力地工作着,他们没有因为在证券市场进行投资的损失而消沉,反而对证券市场津津乐道,乐此不疲。

通过学习体验经济的理论以后,用人本主义的经济理论去看待证券市场的投资者群体,对投资者的情绪、情感的理解就豁然开朗。原来我们难以理解和困惑的投资者的情绪、情感的现象也就一目了然了。

第二节　证券市场投资情感与体验经济

一、证券市场投资情绪、情感的心理学原理

投资者的情绪、情感影响着他们的投资行为和投资结果。从体验经济理论的视野，研究投资者情绪、情感与证券市场变化之间的关系，探讨投资者情绪、情感对投资行为结果的影响程度，分析投资者的情绪、情感问题，可以让投资者正确理解自己的情绪、情感，在证券市场进行投资过程中，正确地应对证券市场的变化，把握自己的情绪、情感。

健康的投资者的思维、性格与气质、情绪、情感、态度、行为、意志等个性心理特征，将使投资者在投资过程中得到快乐，投资结果也得到保持或超出心理预期。需要研究个体投资者的言行举止、思维方式、行为导向、意志与能力、情绪、情感与态度等心理表现内容。而情绪、情感体验影响着投资者的身心健康和投资行为。

1. 投资者的情绪、情感

情绪、情感是人对客观事物的态度体验及相应的行为方式。投资者的情绪、情感是受投资者对证券市场的变化、所投资的证券和相关的影响，各种因素对投资者的态度体验，及自己所采取的相应投资行为的方式所影响的。情绪、情感突出的表现有：喜、怒、哀、乐、忧、愤、爱、憎等。投资者产生的体验形成的情绪、情感，与他们所期盼的赢利预期目标的实现程度相关。投资者的情绪表现状态应该包括四种：参与投资的心境、投资行为的激情、投资活动中的应激和投资失败的挫折。投资情绪具有易变性和暂时性的特点，因受情景变化而变化，投资情绪常伴随有明显的外部表现。而投资情感主要包括投资活动的道德感、投资行为的理智感和投资结果的美感等，投资情感是与证券市场发展和社会需要相联系的，它具有相对的稳定性与持久性，不易受情景影响，是与个性品质相联系的，情感则较为内蕴、平静和深刻。

外在的和内在的因素都会引起投资者的情绪、情感变化。这些因素包括外在的市场环境变化和个体自己的期望、目标预期等。如不同的投资者面对证券市场的起伏，由于他们的需要和目标是不同的，加上他们对市场的理解和感受能力不同，所产生的情绪、情感与体验也会不同。市场的起伏变化，对一位久经考验的投资者，他过去利用市场的起伏进行投资的成败的体验与经历，对市场的起伏所带来的机会和风险的认知程度较高，他们的情绪变化会小些，情感会深沉些，所采取的投资行为会相对比较理性。而对初入证券市场进行投资的投资者而言，他们的情绪、情感变化会比较强烈，对所投资证券采取的投资行为所带来的盈亏风险认知程

度不高,其心理活动和激情带有某种偏激。

投资者的目标预期影响情绪、情感变化。投资者在证券市场进行投资的目标预期高低,直接影响投资者投资情绪和情感变化的强弱,投资行为也会受到情绪、情感的干扰。

在证券市场中进行投资的投资者,获利目的是他们的目标需要,是投资者的注意所在,也是投资者的兴趣集中点。投资者的投资行为与投资结果会引起自身情绪、情感的变化,预期目标实现与否是关键因素,如果投资者的目标取向得到肯定,投资者就会产生积极的情绪与情感,否则会出现消极的情绪与情感。投资者心理健康需要积极的情绪、情感作为保证,而消极的情绪、情感轻则影响他们的行为和态度,重则导致个体的心理失衡,甚至诱发心理疾病。

2. 情绪、情感的作用及其影响

情绪、情感是个体的意识活动的重要动力之一,意识活动是调控因素,因而投资者的情绪、情感会深刻地影响他们的身心和所从事的投资活动,其作用集中体现在以下四个方面。

(1)调控投资行为。情绪、情感对投资者的投资行为有激励作用和干扰作用。如果投资者获得积极的情绪、情感体验,就会激发投资者的投资热情;相反,消极的情绪、情感会使投资者的大脑皮质处于抑制状态,失去对理智投资活动的支配,导致思维功能紊乱,使投资行为失去控制,正如我们经常遇到的"冲动投资"行为。同时,在投资活动中投资者过去的情绪、情感的记忆会对现时的投资行为产生影响,过去的成败经历会对现时进行的投资决策产生影响,如"前事不忘,后事之师"就是说明情绪、情感对投资行为的影响作用。

(2)传递信息。投资者的情绪、情感会在投资群体中相互传递信息和思想交流。投资者投资活动的成败所引起的情绪、情感的外在表现,会对周围的投资者产生暗示作用,证券市场的"跟风"操作,非理性盲目"买涨杀跌"的投资行为,就是受其他投资者情绪、情感干扰的具体体现。在证券市场进行投资活动,投资者之间的信息交流与沟通是非常频繁的,对于情趣相近或自己感兴趣的信息,交流会非常有效而且被得到重视。

(3)影响身心。情绪、情感影响投资者的身心健康。积极的情绪、情感会使投资者自我感觉良好,精神振奋,身体机能协调,心态平静、舒畅,整个身心处于良好状态;反之会引起种种身心疾病。当然,国内外不乏投资者都会认为自己需要心理咨询与调试,才能保持良好的心理状态。因为在证券市场进行投资的人,需要的是良好的身心状态,但良好身心状态的保持,需要建立在成功的投资活动或者愉快的体验基础之上。

(4)适应环境。证券市场的变化会引起投资者的情绪、情感的波动,特别是投资者对投资活动的成败的体验会进一步加强情绪、情感的波动程度。投资者都会害怕遭受挫折,喜欢获得成功带来的愉悦。长期在证券市场进行投资,成功与失败的机会是共存的。因此,投资者需要不断地调整和控制自己的情绪、情感的过度波动,才能适应所投资的环境。证券市场的投资环境与投资方式的变化,客观上要求投资者通过调节和控制自己的情绪、情感来适应环境。

总之,情绪、情感对投资者的影响主要是以精神活动为主,对投资者的影响有积极和消极方面的作用。

3. 投资者的情绪、情感波动与证券市场的起伏

投资者的情绪、情感变化可以通过投资行为的发生,进而影响证券价格的变化,影响着证券市场起伏。投资者在证券市场的变化中,通过投资活动和投资结果获得的刺激和带来的体验,反过来作用于投资者的投资行为,而市场投资活动和结果直接引起证券市场的起伏变化。

我们通过借用人本主义思想,研究分析证券市场的投资过程,就会发现证券市场的波动与投资者的情绪、情感的变化互为诱因。

一方面,由于证券市场的证券价值变化产生了投资机会,投资机会对投资者带来刺激,引起投资者的情绪、情感波动,市场变化的投资价值的发现,受到投资者的投资获利需求刺激,引起投资者的情绪、情感波动,诱发投资者采取相应的投资行为;另一方面,由于投资者的情绪、情感的波动,导致投资者对证券市场的证券进行买卖行为,其相应的投资行为的结果直接诱发证券市场的波动,其过程是:市场变化→产生投资机会→引起投资者情绪、情感波动→投资需求刺激→诱发投资行为→导致市场进一步的变化。

从人性化角度来看证券市场的特性,我们非常容易发现证券市场,实质上就是投资者对所投资证券的未来收益的心理预期实现的场所。因此,证券市场投资者的情绪、情感变化与市场起伏互为联动。

二、体验经济与投资者的情绪、情感

体验经济(又称人性经济),是继产品经济和服务经济之后的经济理论,是经济学研究领域和发展的产物。经济学家已经把经济增长和投资的视线投向了"体验经济"这个新的领域。体验经济问题已经成为人们津津乐道的时尚话题,尽管体验经济的理论和研究需要进一步的发展,但在证券市场投资活动过程中,运用体验经济研究和分析其中的心理问题、效用问题、机制问题,具有独到的效果。通过学习体验经济理论和研究证券市场的投资问题,我们发现运用体验经济理论可以很好地分析研究证券投资的投资者的情绪、情感和行为等问题。

(一)经济发展产生体验经济理论

回顾人类社会的发展历程,可以划分为农业经济、工业经济、服务经济和体验经济等时代。在农业经济时代,受收入水平和需求层次的影响,农产品是满足人们生存需要的主要经济提供品。在工业经济时代,工业品是满足人们生存和发展需要的主要经济提供品。在服务经济时代,服务成为满足人们生存和发展需要的主要经济提供品;随着收入水平的不断提高和需求层次的不断上升,商品和服务作为经济提供品,已不再能满足人们享受和发展的需要,人们需要用更加个性化的消费来实现自我。而体验消费就是满足这种需要的最好形式,于是体验就成为继服务经济发展之后的主要经济提供品,从而将人类带到了体验经济时代。与工业经济时代生产和消费相对应的理性"经济人"相比,体验经济追求的是一种快乐体验,生产者提供的产品是"快乐",或者提供消费者获得"快乐"这种体验。

通过对美国消费结构调查资料的分析,美国在1875年的消费中,食品、服装和住房等生活必需品占消费的75%,教育和保健仅占2%,娱乐占18%。而到1995年,以上三项则变为15%、2%、67%。这说明经济的发展和生活的进步,导致了人们的消费追求的不仅仅是产品和服务,而是追求自由和高峰体验。托夫勒于20世纪70年代提出了产品制造业、服务业、体验业的三段论:农业经济时代是自然经济,生产者与消费者同一,崇尚经验与天人合一;工业经济和服务经济时代则是异化经济,生产者与消费者对立,崇尚理性,尤其是"经济人"的理性;而体验经济时代是复归经济,生产者与消费者统一,崇尚自由和高峰体验。

因此,经济发展到一定的阶段,体验就成为人们经济活动的主要问题,对体验的创造和愉悦的获得,就成为共同研究的课题,从而体验经济理论应运而生。

(二)体验经济理论

约瑟夫·派恩二世和詹姆斯·吉尔摩合著的《体验经济》给经济学带来了革命性的变化。体验经济或多或少地改变了以前经济学的规则,人们从原始的以物易物的使用价值交换,到工业化的货币价值交换,进而转变为复归个性的等效用交换。换句话说,人们会为了某时某地的一个心情,就可以支付若干费用,而这种付费是不能用理性的思维进行分析的。

体验经济的重要理论是,将消费者的情感作为经济活动中的经济要素,应该说是人本主义经济理论体系的重要发展。产品经济时代,人们关心和需要解决的经济问题是:生产者的产品供给与消费者需求之间的矛盾问题;服务经济时代,人们关心和注视的经济问题不仅是产品的供需问题,而且涉及到产品以外所能为消费者提供的服务性的增值问题。以上两个经济时代都是将生产者与消费者对立起来。而体验经济是将生产与消费有机地结合,在经济活动中将消费者的情感与个人体验作为经济性的问题,生产者提供的是一种值得体验的气氛和环境,也可以让消费者感知到体验内容,而消费者参与体验后能够达到所期望的那种值得额外单独支付报酬的体验。

体验经济理论认为,劳动不再是体力的简单支出,劳动成为自我表现和创造体验的机会。消费是一个过程,消费者是这一过程的"产品",当过程结束时,记忆将长久地保存对过程的体验,消费者愿意为此付费,因为这类体验的美好、难得、非我莫属、不可转让、转瞬即逝,而这种体验应该包括:"学习体验""娱乐体验""逃避体验"和"审美体验"等情感成分的体验内容。换句话说,体验经济关注的焦点是,人们关心的是消费者的感情体验。

体验到底是什么?体验包括:娱乐体验、教育体验、遁世体验和美学体验,具体地说,就是感觉体验(Sense)、情感体验(Feel)、创造性认识体验(Think)、身体体验和全部生活方式(Act),以及社会特性体验(Relate)。体验就是企业以服务为舞台,以商品为道具,环绕着消费者,创造出值得消费者回忆的活动。应该说商品是有形的,服务是无形的,而所创造出的体验是令人难忘的。商品和服务对消费者来说都是外在的,与过去不同的是,体验是内在的,存在于个人的心中,是个人在形体、情绪、情感和知识上参与的所得。各人的体验不会完全一样,因为体验是来自个人的心境与事件的互动。

(三)证券市场中的投资心理体验

投资者在证券市场进行投资就是一个体验过程。投资者参与的目的是逐利,面对着证券市场的变幻莫测和其中的魅力,投资者在证券市场投资活动目标实现,需要采取不可预知结果的投资行为,投资结果能不能满足预期目标是不定事实,但投资活动过程所带来的体验,却是可以成为投资者的愉悦体验。

在证券市场进行投资,实质上是用现有的价值(货币)去购买证券的未来的预期收益,本身就是一种风险投资,也可以说是非理性的选择过程。因此,证券市场变化引起证券价格波动,可能与投资者对所投资的证券未来价值的心理预期保持一致,或投资者认同市场未来变化会朝着投资者期望的方向发展。但是,证券市场上证券的未来收益,受多种因素和条件的影响,投资群体的认同程度变化,会给投资者的目标需要的实现带来机会,让投资者产生愉快的情感体验。可能投资者的投资结果不尽人意,但其中的过程将成为投资者的体验。用体验经济的理论分析投资者的行为可以发现,投资者自己在投资活动过程中获得的体验就成为满足他们的目标需要。

证券市场的涨跌直接造成投资活动的盈亏,直接体现着投资活动的结果,进而影响着投资者的情绪、情感。有首《股民老张》的歌词唱到:"九点半上岗,十五点离场,星期一到星期五天天都挺忙,炒股为哪桩?咱没太大理想,庄家要是吃了肉跟着喝点汤。没练'法轮功',也不沾毒、赌、黄,买进卖出两头纳税拥护党中央,……赚钱不容易,被套很平常,一年三百六十天经常是满仓。全套快止损,深套就死扛,四季风水转换,早晚被解放。股票一赚钱,心就有点慌,不知到底该了结还是该加仓?蒙上一匹大黑,那就一个爽!一天一个涨停板,感觉在膨胀。……这里没有地狱,没有天堂,这里不是银行,也不是赌场,离不开的证券交易价格,下不了的岗,这是发展中的证券市场"。这首歌唱出了证券市场上投资者的真实情感体验。

在证券市场进行投资的投资者,他们对市场的情感一经产生,追求的就不仅只是自有资产的增值问题,而是随着他们对证券市场认识的深入,就会产生把投资活动的成功与失败作为"学习体验",将自己进行的投资活动当作"娱乐体验",把自己的不作为认为是"逃避体验"和"审美体验",看待自己的损益作为对证券市场的贡献等情感体验。把投资当作娱乐或情感寄托的体验过程,特别是在证券市场长期处于低迷状态,投资的收益得不到保证的前提下,投资者依然热衷于对证券市场的投资。这就充分说明,投资者在证券市场的投资活动过程所获得的体验,已成为他们的目标追求和需要满足。也许这种现象就只能用体验理论才能解释。

(四)体验经济在证券市场上的运用

证券市场的长期从业者肯定会认为,体验经济可以很好地解决和分析证券市场的相关问题,特别是对投资者的情感问题与投资行为的研究,比较好地理解与分析投资者乐此不疲的真实状况。

体验经济在证券市场上的应用包括以下几个方面的内容:①改变人们的经济观念与思维方式;②提高投资者对证券市场变化的认同;③调节投资者的情绪、情感;④变革证券市场的经营机构及经营思想。

1. 体验经济应用

按照《体验经济》的提法,体验经济强调的是:企业就是要以服务为舞台,以商品为道具,围绕着消费者,创造出值得消费者回忆的活动。证券市场是一个提供投资活动的场所,其中投资中介经营机构提供服务的平台,以带有未来附加值的证券为投资对象,提供合理的金融工具,通过投资者的投资活动过程,加上证券市场的变化与想象魅力,让投资者在投资过程中获得值得投入或付费的个性化投资过程体验。

根据体验营销的权威人士伯恩特·施密特的观点,体验通常并非自动产生,而是被引发出来的。根据这个原理,证券市场的经营机构要使投资者的投资活动变为一次难忘的记忆和体验,就需要营造适当的氛围和背景以产生预期的投资过程与投资活动体验。投资者在证券市场进行投资的过程中,投资成功获得的体验是非常容易的,而且成功的概率和愉快的体验会让投资者获得美好的记忆和快乐的情感体验；而投资活动的目的受挫，也不会受到别人的排斥，相反会受到其他投资者的认同和理解，因而投资者获得的是值得记忆的"学习体验"。

在科技高度发达的今天，由于各方面条件的极大改善，马斯洛的需要层次论认为的第五层次的自我实现的需要日益强烈。在证券市场进行投资的投资者通过投资活动来追求全面发展、充分发挥潜能、实现所能实现的一切需要，已不再是空中楼阁和望尘莫及，而是实实在在可以通过投资活动和投资结果来实现自身智慧的价值。因此，有投资活动的存在，就会有体验的需要产生，也会有体验的要素诞生。体验经济就是新经济形态，对个人来说，体验的就是自由，个体求自由比求发展的价值更高，为此他们会不计代价而自愿付费，此时人不再是理性的人。运用马斯洛的需要层次论，在证券市场中投资者的投资行为的结果与投资的目标偏差的事实，很难成为使投资者的情绪、情感始终保持在积极的心理状态。如果把投资者的投资体验作为按照马斯洛的需要层次论中的自我实现，投资者的体验需要当然就是最原始的动力。这样就不难解释投资者的执著和投入，人们也就非常容易接受证券市场进行投资的投资者行为方式和选择过程了，也就不再说投资者是疯子或非正常的自然人了。

2. 体验经济理论要解决的问题

体验经济理论在证券市场的应用中，开辟了新的视野和研究领域，从全新的视觉探讨了证券市场的投资问题。尽管不能完全解决其中的所有问题，但体验经济所起的作用有如下几个方面。

第一，改变人们在证券市场进行投资的目标意识。人们参与证券市场进行投资，投资的目的是获取收益，但收益的获得是建立在风险之上的。如果投资者只有收益才是投资活动的唯一目标，那么市场变化所带来的风险与投资损益就会给投资者带来挫折。用体验经济的观点解释大多数的投资者，证券市场投资是追求投资过程的体验，并为此支付相应的费用，即投资活动价格直接导致投资资本的损失也乐此不疲。尽管这样的观点是不受欢迎或者违背证券市场投资的初衷。但投资者面对证券市场的投资结果，特别是他们经过全身心的投入所得到的是损失而非收益，投资者的情绪、情感处于消极的时候，运用体验经济理论和观点或许是最好的。投资者把投资活动过程当作一种体验的回报，这种体验可以值得付费，这样就可以很好地让投资者获得积极的、愉快的情绪和情感。

其实，人们参与证券市场进行投资，有获利的需求是最基本的，也是正确的。但如果不用体验经济的理论指导投资者，转变他们的投资的目标意识和思想，也许他们就会被预定的目标所累，自身的身心健康自然难于保障。运用体验经济的理论，投资者就不会只注重投资收益，而会在变化的证券市场中，调整自己的投资获利的目标和期望值，使自己的情绪、情感处于积极的状态，产生正确的投资意识。

当经济发展到一定程度之后,特别是投资者的投资行为已经不再是为了生计,而是追求财富的增减或数量的多寡,那么投资者的目标重点将从获得赢利和服务,向自我实现的投资过程体验转移,实现人类自我超越是社会进步和人类发展的一种自然境界。体验经济的更高境界,最终实现马克思提出的"劳动是一种快乐",是一种需要。

第二,端正人们对证券市场的认识和态度。证券市场的发展和完善,需要投资者的保护和支持。如果人们对证券市场的认识和态度,只是为了"投资就是可以获得收益",把在证券市场进行投资当作从证券市场提款或赌博,那么投资者就会对证券市场的投资风险产生错误的认识,投资者就会产生消极的情绪,采取极端的投资行为,对证券市场的态度当然就不正确了。

体验经济理论在证券市场中的应用,从根本上改变了投资者对证券市场的认识和态度。投资者进入证券市场投资获利的需要与目标,通过体验付费的角度,将所带来的压力轻松化,把艰苦的投资决策过程快乐化。譬如,中国排球队的教练郎平在指导中国队员时,就是以"快乐打球"和"娱乐拼搏"作为大家的理念,从而使中国排球占领世界高峰。同样,如果投资者以快乐的"学习体验"、愉快的"投资记忆"思想来对待证券市场的投资活动和投资过程,那么投资者在投资过程中所获得的情绪、情感就会是积极向上的,投资行为就会比较理性,投资者对待证券市场的涨跌,对自己的投资活动的成功与失败的结果,内心产生出值得、愉快的投资过程的情感体验,投资者对证券市场的认识和态度就会正确,所采取的投资行为就会比较理性。

第三,调整投资者的情绪和情感。投资者把在证券市场进行投资作为自己的正确选择,作为实现自我价值的形式,这是他们热爱证券市场的基础,也是他们行为的价值取向。根据体验经济理论的观点,投资者在证券市场的投资行为在多数情况下是理性的,这种理性体现在面临给定的约束条件下使自己的偏好最大化,即自利。如果投资者是极端偏好自由,则"不计代价为自由付费"同样是理性的行为。他们为了追求利润最大化而采取铤而走险的投资行为,由此产生的损益或失败就是合理的。既然是理性的、合理的,那么投资者面对挫折时情绪、情感的变化就会相对稳定,投资者的心理就健康。

体验经济是将需求升级。如果投资者在证券市场将进行投资的获利需求转化为体验需求,那么投资者在获得有价值的投资活动过程的个性体验的同时,能够获得投资的资本增值。应该说这样的结果会让投资者获得快乐的情绪和情感,他们对待证券市场的态度和情感就会是积极的,身心健康当然就有保障。

其实,投资者在证券市场进行投资心理的成熟,是需要用体验经济的理论来引导的。有了体验经济理论作为依据,加上在证券市场投资的实践经历,投资者的情绪、情感对投资行为的影响和干扰就会减弱。

第四，改变人们的思维方式。体验经济的理论在证券市场研究领域的应用，可以改变人们对证券市场的视野和理解，投资者、经营者和管理者等对证券市场的思考和分析的思维方式会发生变化。如投资者会将投资活动过程当作体验，他们会将在证券市场进行投资的体验当作自我实现的需要和需求；经营者可以注重对投资者提供可以让投资者获得个性化的自由体验环境和情景，他们所关心的是架构与投资者共舞的活动平台和场景；管理者不再像竞技场上裁判者那样过分关注市场的涨跌，而是把工作重点放在完善市场的运营体制与规范上。

正如 SARS 给 IT 行业带来机遇，网络为互联网带来契机一样，体验经济在证券市场上的运用，可以改变人们对证券市场进行投资的认知过程，从根本上转变人们对证券市场的态度。在证券市场上进行经营的机构也可以依据体验经济的思想去完善其自身的相关营销和服务模式，对待他们所服务的投资者，注重改善和提供人性化和个性化的服务内容与平台。

当然，新的经济理论与方法不是万能的灵丹妙药，只能从不同的角度去分析证券市场的某些问题。证券市场的发展和完善需要有健康的投资者群体，而他们的情绪和情感影响着自身的身心健康，体验经济理论很好地为投资者创造良好心理体验，创造出宽松的投资心理环境。

第三节 心理健康与投资环境

证券市场的变化是不可预测的，变幻不定，激烈的市场竞争既是投资者实力的竞争，更是投资者心理素质的角逐。证券投资与证券交易活动之所以能够经久不衰，使投资者沉醉其中，其根本原因就在于它能为投资者带来十分丰厚的收益。但是，任何一个投资者在谋求这种潜在的市场收益时必须清醒地认识到，收益与风险是相伴而生和相互依存的，投资者的期望值越高，其遭受风险打击的可能性也就越大。因此，在证券市场进行风险性投资，必须保持健康的投资心理，正确地看待证券市场投资中收益与风险的辩证关系，这样才能恰当地把握自己的投资行为。良好的投资心理是关系到投资成功的关键性因素之一，而良好的投资心理的树立，需要投资者克服各种错误的投资认识，正确地对待市场的变化。

一、心理健康与证券市场发展

在证券市场进行投资，靠运气或机会而获利是不理性的，希望永远成功或保持长期获利也是不现实的。在证券市场进行投资，需要正确的投资心态，潜心研究上市公司的基本状况，分析研究所投资的市场变化与发展趋势，准确把握国家的政治、经济形势,研究各种政策法规变化和影响,分析市场所产生和所选择投资的证券信息资料,运用科学的分析理论与方法进行科学的决策才能获得成功。

发展初期和还不够成熟的证券市场,存在着许多的不确定性,有时会让成熟的分析理论与方法黯然失色。但随着证券市场的发展与规范,科学的投资理论与分析方法将逐步取代当前的混沌投资。

证券市场的健康发展,离不开成熟的投资者群体和良好的投资环境。投资者如果在证券市场的投资操作中缺乏理智,行为失当,甚至把市场视为赌场,单纯而盲目地追求一时的赢利,不顾市场的稳定与安定,狂热地进行投机、舞弊、欺诈和操纵等,其结果不但会把整个市场秩序搞成一团糟,扰乱整个市场的健康运作与有序发展,最终导致投资者自身的投资收益难于保证,既害人又害己,百害而无一利。投资者在证券市场进行投资时,必须树立和健全良好的投资心理,共同维护健康的投资环境,而良好的投资环境则建立在良好的群体投资心理之上。

二、证券市场不良现象

在证券市场的投资活动中,投资者普遍存在错误的投资心理或存在不良的投资心理倾向。

(1)暴富心理与猎奇心理。在中国证券市场的发展初期,许多人梦想"一日暴富",他们毫不考虑证券交易价格变化和投资风险。证券交易价格变化有其内在运行规律,有正常的涨跌,有高峰也有低谷。当市场行情处在熊市时,就有可能使自己全线深度套牢。但也有人刚进入证券交易市场时,其初衷是出于猎奇,而一旦获利后,多半会被胜利冲昏头脑,在赌博心理支配下不断加注,直到输光为止。而一旦失利,他们往往又会不惜背水一战,孤注一掷,把资金全部投在某一种或若干种股票上。这些表现集中在进入市场进行投资前准备不足的投资者身上。

(2)失衡心态与从众心理。在证券市场投资的目的是获利。例如,投资者投资盈利跟不上大盘涨幅而心理失衡,或自身投资盈利率低于同伴而出现心理失衡;在多头市场中盲目跟进而作出急功近利的操作举动;投资决策过程中受别人的影响随便改变自己的初衷,没有了主意,从众地随大流而行,盲目地跟进与卖出。这种盲目从众的心理在散户中较为普遍。

(3)迷信心理与投机心理。投资者迷信于专家或个别信息,证券交易价格的变化不是专家决定的,是多方博弈的结果,证券投资结果只有"输家"和"赢家",而不是成为"专家"。消息的变化只能引起证券交易价格短暂的震荡,而不可能改变证券交易价格运行的趋势,最终决定证券交易价格走势的,是国家的政治、经济等各项宏观政策和市场上证券的供求关系等诸多因素。在证券市场进行投资,不研究投资进行的环境与所投资的品种,仅靠专家指点和依靠各种消息进行投机炒作,肯定不会成功。在中国的中、小散户直接在证券市场进行投资而缺乏投资研究支持的情况下,这种现象就比较普遍。

(4)贪婪心理与博傻心理。在成熟的证券市场上进行投资,获利的水平一般来说比较稳定,发展初期的不成熟市场可能会起伏变化很大。中国证券市场是不够成熟的市场,投资的群体对证券市场的风暴经历的比较少,在投资活动过程中,投资者对收益的期望值过高,表现出过分的贪婪,或过分强调市场周期循环规律,没有考虑市场发展初期的不规范行为或因政策不当所造成的证券价格的过高估计,以博傻心理去待守市场。这些也是发展初期的证券市场中普遍存在的现象。

三、国内外证券市场的投资环境差异

中国证券市场处于快速发展过程中,有许多地方还不够规范,法律法规和监管体系还不完善,风险转移机制还存在缺陷,投资者群体还不成熟,财富拥有者个体自主性地直接投资现象比较普遍,机构投资群体专业化程度底,没有形成价值投资,市场发展的自身规律正在形成过程中,政策因素和行政色彩较浓,人为控制和违法操控现象时有发生。因此,在中国证券市场进行投资,提高正确认识证券市场的同时,还要保持良好的投资心理状态。也就是说,投资者的心理健康与证券市场的发展同样重要。

其实,在国外发达的证券市场上,投资者都是专业化运作,以投资经纪人制进行专业投资,同时市场投资群体是以基金经理为主,大都是职业的投资者,投资过程和投资活动都是科学化,投资的决策者和运营者都实现职业化,而不是财富的真正主人。证券投资活动的成功与失败是投资者群体的个人事业的一部分,而不单纯为了投资资产的增减,自身财富是通过成功的投资经历获得应有的劳动酬金。因此,证券市场的变化、投资活动的成败与投资者职业生涯有关,而不是财富与投资期望的共同体。

证券投资的心理分析理论运用,可以研究投资者的心理问题与之前市场投资收益的关系,心理分析的结果不能作为投资决策的依据。

1. 心理分析的依据和要素有哪些?
2. 心理分析的应用局限性是什么?

第八章 投资组合理论、股票估值原理

第一节 投资组合管理概述

证券组合管理理论最早由美国著名的经济学家哈理·马柯威茨于1952年系统地提出。在此之前,偶尔有人也曾在论文中提出过组合的概念,但经济学家和投资管理者一般仅致力于个别投资对象的研究和管理。自此以后,经济学家一直在利用数量化方法不断地丰富和完善组合管理的理论和实际投资管理方法,并使之成为投资学中的主流理论之一。

一、证券组合管理的意义和特点

证券组合管理的意义在于采用适当的方法选择多种证券作为投资对象,以达到在保证预定收益的前提下使投资风险最小化或在控制风险的前提下使投资收益最大化的目标,避免投资过程的随意性。

证券组合管理的特点主要表现在以下两个方面:

(1)投资的分散性。证券组合理论认为,证券组合的风险随着组合所包含证券数量的增加而降低,尤其是证券间关联性极低的多元化证券组合可以有效地降低非系统风险,使证券组合的透气风险趋向于市场平均风险水平。因此,组合管理强调构成组合的证券应多元化。

(2)风险与收益的匹配性。证券组合理论认为,投资收益是对承担风险的补偿。承担的风险越大,收益越高;承担的风险越小,收益越低。因此,组合管理强调投资的收益目标应与风险的承受能力相适应。

二、证券组合管理的方法和步骤

1.证券组合管理的方法

根据组合管理者对市场效率的不同看法,其采用的管理方法可大致分为被动管理和主动管理两种类型。

被动管理方法,是指长期稳定持有模拟市场指数的证券组合以获得市场平均收益的管理方法。采用此种方法的管理者认为,证券市场是有效率的市场,凡是能够影响证券价格的信息均已在当前证券价格中得到反映。也就是说,证券价格的未来变化是无法估计的,以致于任何企图预测市场行情或挖掘定价错误的证券,并藉此频繁调整持有证券的行为无助于提高期望收益,而只会浪费大量的经纪佣金和精力。因此,他们坚持"买入并长期持有"的投资策略。但这并不意味着他们无视投资风险而随便选择某些证券进行长期投资,恰恰相反,正是由于承认存在投资风险并认为组合投资能够有效降低公司的特定风险,因此他们通常购买分散化程度较高的投资组合,如市场指数基金或类似的证券组合。

主动管理方法,是指经常预测市场行情或寻找定价错误的证券,并藉此频繁调整证券组合以获得尽可能高的收益的管理方法。采用此种方法的管理者认为,市场并不总是有效的,加工和分析某些信息可以预测市场行情趋势和发现定价过高或过低的证券,进而对买卖证券的时机和种类作出选择,以实现尽可能高的收益。

2. 证券组合管理的基本步骤

组合管理的目标是实现投资收益的最大化,也就是使组合的风险和收益特征能够给投资者带来最大的满足。具体而言,就是使投资者在获得一定收益水平的同时,承担最低的风险,或在投资者可接受的风险水平之内,使其获得最大的收益。不言而喻,实现这种目标有赖于有效和科学的组合管理的内部控制。从控制过程来看,证券组合管理通常包括以下几个基本步骤。

(1)确定证券投资政策。证券投资政策是投资者为实现投资目标应遵循的基本方针和基本准则,包括确定投资目标、投资规模和投资对象,以及应采取的投资策略和措施等。投资目标是指投资者在承担一定风险的前提下,期望获得的投资收益率。由于证券投资属于风险投资,而且风险和收益之间呈现出一种正相关关系,因此证券组合管理者如果把只能赚钱不能赔钱定为证券投资的目标,则是不合适和不客观的。客观和合适的投资目标应该是在盈利的同时也承认可能发生的亏损,因此投资目标的确定应包括风险和收益两项内容。投资规模是指用于证券投资的资金数量。投资对象是指证券组合管理者准备投资的证券品种,它是根据投资目标而确定的。确定证券投资策略和措施是证券组合的重要内容,它是在投资政策的指导下,具体确定投资金融资产的类型的方略。

(2)进行证券投资分析。证券投资分析是指对证券组合管理第一步所确定的金融资产类型中个别证券或证券组合的具体特征进行的考察分析。这种考察分析的目的是:明确这些证券的价格形成机制和影响证券价格波动的诸因素及其作用机制,发现那些价格偏离价值的证券。

(3)组建证券投资组合。组建证券投资组合主要是确定具体的证券投资品种和在各证券上的投资比例。在构建证券投资组合时,投资者需要注意个别证券选择、投资时机选择和多元化三个问题。个别证券选择,主要是预测个别证券的价格走势及其波动情况;投资时机选择,涉及到预测和比较各种不同类型证券的价格走势和波动情况(如预测普通股相对于公司债券等固定收益证券的价格波动);多元化,则是指在一定的现实条件下,组建一个在一定收益条件下风险最小的投资组合。

(4)投资组合的修订。投资组合的修订实际上是定期重温前三步的过程。随着时间的推移,过去构建的证券组合对投资者来说,可能不再是最优组合,这可能是因为投资者改变了对风险和回报的态度,或者是其预测发生了变化,作为这种变化的一种反映,投资者可能会对现有的组合进行必要的调整,以确定一个新的最佳组合。然而进行任何调整都将支付交易成本,因此投资者应该对证券组合在某种范围内进行个别调整,使得在剔除交易成本后,在总体上能够最大限度地改善现有证券组合的风险回报特征。

(5)投资组合业绩评估。通过定期对投资组合进行业绩评估,来评价投资的表现。业绩评估是证券组合管理过程的最后一个阶段,也可以看成是一个连续操作过程的组成部分。说得更具体一点,可以把它看成证券组合管理过程中的一种反馈与控制机制。由于投资者在投资过程汇总获得收益的同时,还将承担相应的风险,较高收益的获得可能是建立在承担较高风险的基础之上,因此,在对证券投资组合业绩进行评估时,不能仅仅比较投资活动所获得的收益,而应该综合衡量投资收益和所承担的风险情况。

三、现代证券组合理论体系的形成和发展

1. 现代证券组合理论的产生

1952年,哈理·马柯威茨发表了一篇题为"证券组合选择"的论文。这篇著名的论文标志着现代证券组合理论的开端。马柯威茨考虑的问题是单期投资问题:投资者在某个时间(称为"初期")用一笔自有资金购买一组证券并持有一段时期(称为"持有期"),在持有期结束时(称为"末期"),投资者出售他在期初购买的证券并将收入用于消费或再投资。马柯威茨在考虑这一问题时,第一次对证券投资中的风险因素进行了正规阐述。他注意到一个典型的投资者不仅希望"收益高",而且希望"收益尽可能确定"。这意味着投资者在寻求"预期收益最大化"的同时也追求"收益的不确定性最小",在期初进行决策时必然力求使这两个相互制约的目标达到某种平衡。马柯威茨分别用期望收益率和收益率的方差来衡量投资的收益水平和不确定性(风险),建立均值方差模型来阐述如何全盘考虑上述两个目标,从而进行决策。得出的结果是,投资者应该通过同时购买多种证券而不是一种证券进行分散化投资。

2. 现代证券组合理论的发展

在投资者只关注"期望收益率"和"方差"的假设前提下,马柯威茨提供的方法是完全精确的。然而这种方法所面临的最大问题是其计算量太大,特别是在大规模的市场存在着上千种证券的情况下。

在当时,即使是借助计算机也难以实现,更无法满足实际市场在时间上的近乎苛刻的要求,这严重阻碍了马柯威茨方法在实际中的应用。1963年马柯威茨的学生威廉·夏普提出了一种简化的计算方法,这一方法通过建立"单因素模型"来实现。后来在此基础上发展出"多因素模型"以图对实际有更精确的近似。这一简化形式使得证券组合理论应用于实际市场成为可能。特别是20世纪70年代计算机的发展和普及以及软件的成套化和市场化,极大地促进了现代证券组合理论在实际中的应用。当今在西方发达国家,多因素模型已被广泛应用于证券组合中普通股之间的投资分配上,而最初的、更一般的马柯威茨模型则被广泛应用于不同类型证券之间的投资分配上,如债券、股票、风险资产和不动产。

早在证券组合理论广泛传播之前,夏普、特雷诺和詹森三人便几乎同时独立地提出了以下问题:"假定每个投资者都使用证券组合理论来经营他们的投资,这将会对证券定价产生怎样的影响?"他们在回答这一问题时,分别于1964年、1965年和1966年提出了著名的资本资产定价模型(CAPM),这一模型在金融领域盛行十多年。然而,1976年理查德·罗尔对这一模型提出了批评,因为这一模型永远无法用经验事实来检验。与此同时,史蒂夫·罗斯突破性地发展了资本资产定价模型,提出套利定价理论(APT)。这一理论认为,只要任何一个投资者不能通过套利获得收益,那么期望收益率一定与风险相联系。这一理论只需要较少的假定。罗尔和罗斯在1984年认为这一理论至少在原则上是可以检验的。

第二节　投资组合的业绩评估

一、证券组合的含义和分类

投资学中的"组合"一词通常是指个人或机构投资者所拥有的各种资产的总称。证券组合是指个人或机构投资者所持有的各种有价证券的总称,通常包括各种类型的债券、股票及存款单等。

证券组合按不同的投资目标可以分为避税型、收入型、增长型、收入和增长混合型、货币市场型、国际型及指数化型等(表8-1)。

表 8-1 证券投资组合分类表

类型	特点	方式
避税型证券组合	投资于市政债券,这种债券免交联邦税,也常常免交州税和地方税	投资于市政债券
收入型证券组合	追求基本收益(即利息、股息收益)的最大化	附息债券、优先股及一些避税债券等
增长型证券组合	以资本升值(即未来价格上升带来的价差收益)为目标	很少会购买分红的普通股
收入和增长混合型证券组合	试图在基本收入与资本增长之间达到某种均衡	一种是使组合中的收入型证券和增长型证券达到均衡;另一种是选择那些既能带来收益,又具有增长潜力的证券进行组合
货币市场型证券组合	由各种货币市场工具所组成的投资组合	国库券、高信用等级的商业票据等
国际型证券组合	业绩总体上强于只在本土投资的组合	投资于海外不同的国家
指数化型证券组合	模拟某种市场指数	一类是模拟内涵广大的市场指数;另一类是模拟某种专业化的指数,如道琼斯公用事业指数

二、业绩评估原则

评价证券组合的运行状况是组合管理者经常要面临的问题。习惯上,评价组合管理业绩的标准很简单,仅是比较不同组合之间的收益水平的高低,收益水平越高的组合则是越优秀的组合。然而,一方面收益水平较高不仅仅与管理者的技能有关,还可能与当时市场整体向上运行的环境有关,因而在后一种情况发生时就不能排除组合管理者无视风险而盲目决策却偶获成功的可能性;另一方面,如果实现的组合收益水平达到或超过组合管理者在投资期初所设定的收益目标,即使实现的收益水平较低,自然也无可厚非。正因为如此,评价组合业绩应本着"既要考虑组合收益的高低,也要考虑组合所承担风险的大小"的基本原则。而资本资产定价模型为组合业绩者提供了实现这一原则的多种途径。譬如,可用考虑组合已实现的收益水平是否高于其所承担的风险水平相匹配的收益水平,也要考虑组合承受单位风险所获得的收益水平之高低。高者则优,低者则劣。这就是评价组合业绩的风险调整法。

三、业绩评估指数

下面介绍的三种指数就是基于风险调整法的思想而建立的专门用于评价证券组合优劣的工具。

(1) Jensen(詹森)指数。詹森指数是1969年由詹森提出的,它以证券市场线为基准,指数值实际上就是证券组合的实际平均收益率与由证券市场线所组成的该证券组合的期望收益率之间的差。

(2) Treynor(特雷诺)指数。特雷诺指数是1965年由特雷诺提出的,它用获利机会来评价绩效。

(3) Sharpe(夏普)指数。夏普指数是1966年由夏普提出的,它以资本市场为基准,指数值等于证券组合的风险溢价除以标准差。

四、业绩评估应注意的问题

使用詹森指数、特雷诺指数和夏普指数评价组合业绩固然有其合理性,但也不能忽视这种评价方法的不足。这种不足主要表现在以下三个方面。

(1) 三种指数均以资本资产定价模型为基础,后者蕴含与现实环境相差较大的理论假设。这可能导致评价结果失真。

(2) 三种指数中含有用于测度风险的指标,而计算中性风险指标有赖于样本的选择。这可能导致基于不同的样本选择所得到的评估结果不同,也不具有可比性。

(3) 三种指数的计算均与市场组合发生直接或间接关系,而现实中用于替代市场组合的证券价格指数具有多样性。这同样会导致基于不同市场指数所得到的评估结果不同,也不具有可比性。

正因为如此,在实际运用中应当注意评估指数在理论假设方面存在的局限性及在组合风险估值和市场指数选择方面的多样性,并多做一些研究,在实践中不断摸索,以获得更科学的评价结果。

第三节 股票估值原理

价值评估是金融学中沿用已久的一种方法,其思想起源于资本预算的现值方法以及默顿·米勒教授和佛郎哥·莫迪里亚尼教授的价值评估方法,价值评估方法是他们在1961年《商业杂志》中一篇题为"股息政策、增长和股票的价值评估"的文章中提出的。后来麦肯锡公司（Mckineey & Company Inc.）的汤姆·科普兰（Tom Copeland）、蒂姆·科勒（Tim Koller）、杰克·默林（Jack Murrin）共同出版了《Valuation—Measuring and Managing the Value of Companies, Second Edition》一书，在全世界推动了价值评估的研究和实践。

一、上市公司内在价值的估价方法

1. 市盈率(P/E Ratio)

市盈率定义为每证券交易价格与每股收益之比，即：

市盈率＝每证券交易价格／每股收益

此处，每证券交易价格可以为当前价格，也可以为历史价格；每股收益指加权平均的每股收益，既可以为最近一年的每股收益，也可以为历史平均的每股收益。市盈率可从以下四个方面加以理解。

（1）价格与每股收益联系起来的前提是假定价格与每股收益的大小有相关关系。

（2）市盈率代表投资回收期的一种计量方式，此处每证券交易价格代表了投资股票的成本，每股收益代表投资每年可产生的利润，而前者与后者的倍数反映投资回收的期限，市盈率过高意味着投资回收期太长，风险过大。

（3）市盈率也代表了整个证券交易价格对某只股票的预期，市盈率高也许反映了投资者总体对某只股票的预期很高，这种预期可能反映了股票本身的增长潜能，也可能是投资者普遍对某只股票的前景过于乐观，甚至可能是过度投机的短期因素造成的。

（4）欧少夫内西（O. Shaughnessy）在《华尔街通行的规则：永远的最好业绩投资战略》一书中，做了不同价值投资战略的比较研究。其中之一就是购买具有最低市盈率的50只股票，并将这50只股票的表现与其他组合的股票表现进行对比实验。结果如下：①与所有股票集合相比的结果是，较低市盈率股票的表现尽管比那些高市盈率的股票要好，然而低市盈率的股票表现比所有股票集合低，并且标准差较高；②与总市值大的股票集合相比的结果是，总市值大而市盈率低的股票表现比总市值大而高市盈率的股票表现好得多。虽然该战略有较高的风险，但是它在风险调整的基础上仍具有吸引力。

这里需要注意的是，当公司发生亏损，每股收益是负数时，该公司的市盈率将无法计算。下面介绍不同市盈率的计算方法和应用。

2. 当前市盈率

当前市盈率可定义为每股当前价格与最近一年的每股收益之比，即：

当前市盈率＝每股当前价格/最近一年每股收益

此处，每股当前价格一般取当日的收盘价，最近一年的每股收益在目前国内主板市场仅实行中报和年报的情况下，可理解为根据最近一次年报所计算的加权平均每股收益。比如，在2000年计算某家公司的市盈率时，应该采用1999年年报所算得的每股收益或用截至最近一次季报的资产负债表日的连续12个月的每股收益，以反映有关公司盈利的最新信息。

另外，本书在前述中已经指出了由于国内上市公司在每股收益的计算中对中国证券监督管理委员会"按月平均"的要求理解不同，导致某些上市公司在每股收益（加权）的计算中将本期送股或转赠股也按时间加权平均来确定本期加权平均股数的做法，其结果是使加权平均股数比按国际惯例计算的要小，从而夸大了公司的每股收益。因此，我们往往不能直接引用某些上市公司年报中披露的每股收益（加权）。

最后应注意的是，国内一些证券报刊刊登的当前市盈率中所用的每股收益为每股收益（摊薄），每股收益（摊薄）定义为净利润与期末普通股股数之比。这种算法与华尔街的算法不一致。客观地讲，用一个时点的股数所求得的每股收益去除一个每天变化的不同时点的价格在逻辑上稍显不足。

3. 最近一年的市盈率

最近一年的市盈率定义为某公司股票的最近一年末的收盘价与每股收益（加权）之比，即：

最近一年的市盈率＝最近一年末的收盘价/每股收益

（1）年均市盈率。年均市盈率定义为某公司股票的某一年全年的股票均价与加权平均每股收益之比。

$$股票均价 = \frac{当年最高证券交易价格 + 当年最低证券交易价格}{2}$$

年均市盈率＝某年股票均价/某年每股收益

（2）平均市盈率。平均市盈率定义为某公司股票的最近三年、五年和七年各年的年均市盈率再除以年数（3、5和7）后的均值。

平均市盈率＝有关各年的年均市盈率/年数

（3）市盈率若使用三年每股收益平均值。它定义为当前的收盘价除以三年每股收益的平均值。

市盈率＝当前的收盘价/三年每股收益的平均值

正如格雷厄姆所说，公司的利润、每股收益较容易受到经理人的操控，因此，使用三年每股收益平均值计算市盈率可以减少这种操控的影响，使得市盈率的计算更为客观和真实。

二、股票内在价值的常用估价方法

股票的各种市场比率,包括市盈率、市净率、市销率、价格每股现金流量比和股利收益率,我们将这些比率与每股收益、每股销售、每股现金流量和每股股利的预测结合起来,就可以从不同的角度估计同一股票的内在价值。

1. 市盈率估价方法

市盈率估价方法一般的计算公式为:

股票估价＝市盈率×每股收益的估计

此处,市盈率可以是当前市盈率,也可以是历史平均的市盈率,比如三年平均市盈率和五年平均市盈率;每股收益的估计可以是根据历史的每股收益年均增长率推测未来一年的每股收益,也可以是证券市场的分析家提供的每股收益的估计。

当我们在用市盈率的方法估计股票的价值时,实际上存在一个潜在的假设,即企业的价值受到利润的重大影响。

(1)当前市盈率估价方法。在本方法中可以使用当前市盈率和根据每股收益五年的平均增长率来推测未来一年的每股收益。

(2)三年平均市盈率的估价方法。在本方法中使用三年平均的市盈率和每股收益三年的平均增长率来推测每股收益。

(3)五年平均市盈率的估价方法。在本方法中可以使用五年平均的市盈率和每股收益五年的平均增长率来推测每股收益。

2. 市销率估价方法

市销率估价方法一般的计算公式是:

股票估价＝市销率×每股销售的估计

此处,市销率可以是当前市销率,也可以是历史平均的市销率,比如三年平均市销率和五年平均市销率;每股销售的估计可以是根据历史的销售年均增长率推测未来一年的每股销售,也可以是证券市场的分析家提供的每股销售的估计。当我们在用市销率的方法估计股票的价值时,实际上存在一个潜在的假设,即企业的价值受到销售的重大影响。市销率的估价方法也是近几年在西方证券交易价格流行的,其起源于在创业板上市的公司不需要盈利业绩,因此无法用诸如市盈率的方法估价这些公司的价值。

在实际使用时,对高新技术企业,特别是未来中国创业板市场的高新技术企业可给予市销率估价的价值以较高的权重,而对于传统行业的公司给予市盈率估价相对较高的权重。

(1)当前市销率估价方法。在本方法中可以使用当前市销率和根据销售五年的平均增长率来推测未来一年的每股销售。

（2）三年平均市销率的估价方法。在本方法中可以使用三年平均的市销率和根据销售三年的平均增长率来推测每股销售。

（3）五年平均市销率的估价方法。在本方法中可以使用五年平均的市销率和根据销售五年的平均增长率来推测每股销售。

三、股票内在价值的其他估价方法

（一）折现价值方法

在 20 世纪 50 年代威廉姆斯在《投资价值理论》一书中系统地提出了企业价值的确定方法，即企业的价值是由企业生命周期中预期产生的净现金流量经过合适贴现率的贴现而得到的。这一方法称为折现价值方法。

1. 现值和终值

在资金的时间价值中复利的计算公式为：
$$T = P \times (1+r)^n$$
式中：P 为初始值或称之为现值；r 为增长率；n 为复利一次的期限数量（复利一次的期限可为 1 年、半年、1 季度和更短的时限）；T 为终值，即 P 经过 n 期复利后的值。

实例 1：若将 P 理解为对企业的投资额，r 理解为该投资所能带来的年均复利收益或回报率，T 理解为经过 n 年以后投资的终值，即初始投资和每年回报的积累达到的最终财富的货币数额。假如初始投资为 1 万元，每年回报为复利率 10%，则 5 年后的终值为：
$$T = P \times (1+r)^n$$
$$= 1 \times (1+10\%)^5 = 1 \times 1.1^5 = 1.6105 (万元)$$

此例题还可以从另一个方面去理解，如果 5 年后的投资的终值为 1.610 5 万元，投资的复利回报率为 10%，那么初始投资是多少呢？或者说现值是多少呢？现值显然是 1 万元。即：
$$P = T/(1+r)^n = 1.6105/1.1^5 = 1 (万元)$$

2. 复利现值系数

实例 2：如果把上面的举例改为如果 5 年后投资的终值为 1 元，投资的复利回报率为 10%，投资现值是多少呢？计算如下：
$$P = T/(1+r)^n = 1/1.1^5 = 0.6209 (元)$$

通常将 0.620 9 称之为期限为 5 年、贴现率为 10% 时的 1 元终值的复利现值系数。复利现值系数的一般计算公式为：

$$P = 1/(1+r)^n$$

为了更快捷地确定复利现值系数,可以使用复利现值系数表。项目财务评价中凡涉及现值和终值的问题,可统称为货币时间价值分析。

3. 按货币时间价值方法对股票的估计

(1)折现价值方法。前已述及,企业的价值是由企业生命周期中预期产生的净现金流量经过合适贴现率的贴现而得到的。

假设甲公司未来的生命周期尚有10年,未来第1年至第10年的每年经营活动产生的现金流量净额(现金流入减去现金流出后的余额)见表8-2。

表8-2 净现金流量表　　　　　　　　　　　　　(单位:万元)

年　份	1	2	3	4	5	6	7	8	9	10
净现金流量	110	120	130	160	180	200	150	140	110	100

这些现金流量都假设发生在每一年的年末,不包含债务融资、权益融资的因素。如果贴现率为10%(贴现率也称为资本成本,是企业税后债务利息和股东要求的回报率的加权平均成本),那么查复利现值系数表可得每年的复利现值系数(表8-3)。

表8-3 复利现值系数表　　　　　　　　　　　　(单位:万元)

年　份	1	2	3	4	5	6	7	8	9	10
复利现值系数	0.909	0.826	0.751	0.683	0.621	0.565	0.513	0.467	0.424	0.386

这10年中某一年的净现金流量乘以该年的复利现值系数便是该净现金流量的现值,而所有这10年每一年的现值相加的结果,可称之为净现值(表8-4)。

表8-4 净现值表　　　　　　　　　　　　　　　(单位:万元)

年　份	1	2	3	4	5	6	7	8	9	10	净现值
净现金流量	110	120	130	160	180	200	150	140	110	100	
复利现值系数	0.909	0.826	0.751	0.683	0.621	0.565	0.513	0.467	0.424	0.386	
现　值	99.99	99.12	97.63	109.28	111.78	113	76.95	65.38	46.64	38.6	858.37

由表 8-4 可知,10 年现金流量的净现值为 858.37 万元。如果该企业的总负债额为 350 万元,发行在外的普通股总数为 100 万股,那么按折现价值法估计该企业的每证券交易价格值为:

$$每证券交易价格值 = \frac{净现值 - 总负债}{普通股股数}$$

$$= \frac{85.837 - 350}{100} = 50.837(元/股)$$

(2)基于股利现值的估价模型。投资于股票,首先可以得到当前每股所拥有的净资产,即净资产或每股账面值;其次,假定公司连年分派现金股息,那么可以预期每年每股可以带来现金流入,当然即使这些每年每股现金流量的终值是一样的,而其现值是不一样的,因为它们在未来发生的时间点不一样。由此,可以得到如下公式:

$$V_t = BV_t + \frac{D_{t+1}}{(1+k)} + \frac{D_{t+2}}{(1+k)^2} + \cdots + \frac{D_{t+n}}{(1+k)} \tag{8-1}$$

式中:V_t 为时间 t 处的股票总市值;BV_t 为 t 期末的普通股权益账面值;D_{t+n} 为第 $t+n$ 年的现金股利总额;k 为股东要求的回报率。

当每年的现金股利分派额都等于一个常数 D 时,上述公式可简化如下(推导过程省略):

$$V_t = BV_t + \frac{D}{k} \tag{8-2}$$

(3)以会计为基础的权益估价模型。上述以股利为基础的股票估价模型的问题是要估计未来对股东的利润分配模式。实际上要进行这样的估计很困难,上市公司在股利的分配问题上有相当大的随意性。然而,股利分派的政策的变化相当慢。公司通常不愿意增加股利的支付,除非他们能够永远地维护较高水平的股利支出,而且几乎不可能被迫削减未来的股利支付。因此,除了非常长期的情况外,观察到的股利支付并不那么能够说明股票的价值。然而有一点是清楚的:期望的股利支付主要基于利润和资产的盈利能力。由此,经济学界推出了一个以会计为基础的权益估价模型。该模型使用了一个净盈余关系式:

$$BV_t = BV_{t-1} + NI_t - D_t \tag{8-3}$$

式中:BV_t 为 t 期末的普通股权益账面值;BV_{t-1} 为 $t-1$ 期末的普通股权益账面值;NI_t 为 t 期的净利润;D_t 为 t 期宣布的股利。在净盈余会计(Clean Surplus Relation)中,除了公司与其股东之间的业务活动(股东对公司资本的贡献被视同为负的股利)之外,净利润包括了股东权益的所有变化。尽管在现实的会计实务中,净利润的确认并非总是与净盈余一致,然而这仍不失为一个非常合理的近似。

如果我们重述净盈余关系式为 D 的计算公式,那么可以得到如下表达式:

$$D_t = NI_t + BV_{t-1} - BV_t = NI_t - (BV_t - BV_{t-1})$$
$$= NI_t - k \times BV_{t-1} \qquad (8-4)$$

如果将 $k = \dfrac{BV_t - BV_{t-1}}{BV_{t-1}}$ 设定为常数，即股东要求的回报率，那么可将 D 的表达式(8-4)代入到公式(8-1)中，因此得到如下关于股票总价值估计的公式：

$$V_t = BV_t + \frac{D_{t+1}}{(1+k)} + \frac{D_{t+2}}{(1+k)^2} + \cdots + \frac{D_{t+n}}{(1+k)^n}$$
$$= BV_t + \frac{NI_{t+1} - k \times BV_t}{(1+k)} + \frac{NI_{t+2} - k \times BV_{t+1}}{(1+k)^2} + \cdots$$
$$+ \frac{NI_{t+n} - k \times BV_{t+n-1}}{(1+k)^n} \qquad (8-5)$$

在此模型中贴现的焦点是未来的一系列余留利润。余留利润是本年报告的利润与由股东要求的回报率和股东权益的期初账面值的乘积所预期的利润之间的差额。余留利润计算的逻辑富有直觉性。如果一家公司达到的投资收益率超过了股东要求的回报率，那么余留利润便是正数，也就是说，价值被创造了。如果一家公司达到的投资收益率低于股东要求的回报率，那么余留利润便是负数，也就是说，价值降低了。

以会计为基础的股票估价模型表明权益投资者无须将其分析的焦点集中于未来股利的估计上，只用估计未来的利润。

(二)沃伦·巴菲特的估价方法

沃伦·巴菲特之所以能在股票投资领域取得无以伦比的业绩，其中非常重要的一点就是他采用了与众不同的判断股票内在价值的方法。

由前述的折现价值方法，我们知道只要应用了正确的现金流量和贴现率，确定一家企业的价值就很简单，可现金流量和贴现率恰恰很难进行估算和选择。

哈格斯特朗在《沃伦·巴菲特之路》一书中介绍了巴菲特对现金流量和贴现率的判断方法。

对巴菲特来说，如果他不能确信企业中到底会产生多大的现金流，他就不会去估价这家公司，这就是他的方法的特点。尽管他承认微软公司是一家很有活力的公司，并且高度评价比尔·盖茨作为一个管理者的成就，但他坦言他没有办法估计这家公司未来的现金流。如果这一企业的业务单纯，可以理解，而且由具有盈利能力的管理力量来领导，巴菲特就可以非常确定地估算出它未来的现金流。巴菲特始终认为，一个人预计未来的能力就决定了他能力所及的范围，在巴菲特心目中，公司周期性的现金流应该像债券的利息一样确定。确定了公司未来的现金流后，接下来要选用相应的贴现率。很多人感到惊奇的是,巴菲特所选用的贴现率,就是美国政府长期国债的利率或到期收益率。这是任何一个人都可以获得的无风险收益率。

理论研究者们认为,对股权现金流进行贴现的贴现率,应该是无风险收益率(长期国债率)加上股权投资风险补偿,这样才能反映公司未来现金流的不确定性。但巴菲特不进行风险补偿,因为他尽量避免涉及风险。首先,巴菲特不购买有较高债务水平公司的股票,这样就明显减少了与之关联的财务风险;其次,巴菲特集中考虑利润稳定并且可预计公司的股票,这样经营方面的风险即使不能完全消除,也可以大为减少。他说:"我非常强调确定性。如果你这么做了,那么风险因子的问题就与你毫不相干。只有在你不了解你所做的事情的时候,才会有风险。"

1973年华盛顿邮报公司的股票市价总值是8000万美元,然而巴菲特认为"大多数证券分析家、中介经纪人和基金管理人本该估计到华盛顿邮报公司的内在价值在4亿到5亿美元之间",巴菲特是如何作出这一评估的呢?让我们用巴菲特的推理来考察一些数据吧。

首先,1973年华盛顿邮报公司的净利润为1330万美元,折旧和摊销为370万美元,资本性支出为660万美元。那么,巴菲特的"股东收益"(近似股东所得现金流)计算如下:

项 目	万美元
净利润	1330
加:折旧和摊销	370
减:资本性支出	660
股东收益	1040

其次,如果假设未来的"股东收益"保持不变,把这些收益除以当时的美国政府长期债券利率(6.81%),则该公司的内在价值=1040/6.81%=15 272(万美元)。

其三,资本性支出总要被折旧和摊销,这样一段时间以后,一家公司的资本性支出将和折旧与摊销相等。因此,净利润和"股东收益"大体相等。认识到这一点,该公司的内在价值可调整为:1330/6.81%=19 530(万美元)。

其四,前面假设的"股东收益"保持不变,可以理解为两种情况:第一是在美元购买力保持不变的情况下,"股东收益"无任何增长;第二是在通货膨胀时,虽然"股东收益"有名义上的增长,但其增长速度正好与通货膨胀率相等,所以无实质性增长。然而,像《华盛顿邮报》这样的报纸在某一地区具有垄断地位,这样它们就可以提高价格,使上涨幅度超过通货膨胀率。假设上例中该公司价格可实际提高3%,这就意味着公司的净利润可达到2383万美元,则公司的内在价值可再次调整为:2383/6.81%＝34 993(万美元)。

最后,该公司的税前经营利润率目前为10%,远低于其15%的历史水平。如果我们相信该公司领导有决心有能力将利润率提升到15%的水平,并预计这将增加净利润920万美元,那么公司的内在价值将最终确定为:(2383+920)/6.81%＝3303/6.81%＝48 502(万美元)。

这样我们就明白了巴菲特先生为什么估计华盛顿邮报公司的价值在4亿~5亿美元之间。

(三)经济增加值、市场增加值和股票的估价

传统会计数据的缺陷是没有涉及股票的价格,由于管理层的主要目标就是使公司股票的价格最大化,所以应将股票的价格放入我们的研究视野。美国的两位财务分析师乔·思登(Joel Stern)和本耐特·斯图尔特(Bennett Stewart)因此而提出了两个新的业绩评价指标,即市场增加值(Market Value Added,MVA)和经济增加值(Economic Value Added,EVA)。下面将介绍这两个概念。

1. 市场增加值

大多数公司的基本目标是使股东的财富最大化。这一目标不仅明显地使股东受益,而且也将确保稀缺资源得以有效地分配,从而也使整个经济受益。如果能使股东权益的市值和股东所提供的权益资本的金额(即股东权益的账面值)之差额最大化,那么就可使股东财富最大化,这一差额便是市场增加值。

$$市场增加值 = 权益的市场价值 - 股东所提供的权益资本账面值$$
$$= 发行在外的普通股股数 \times 股票价格 - 资产负债表上的普通股权益合计$$

2. 经济增加值

市场增加值计量的是自公司成立以来管理活动所达到的效果,而经济增加值关注的是一给定年份的管理绩效。经济增加值的基本计算公式如下:

$$经济增加值 = 税后净营业利润 - 营业资本的税后资本成本$$
$$= 息税前利润 \times (1-所得税税率) - 营业资本 \times 税后资本成本率$$

此处需进一步解释该公式所涉及的以下五个概念。

(1)息税前利润定义为毛利减去销售费用和管理费用,按照国内上市公司的利润表格式,可通过利润表的营业利润加上财务费用来求得息税前利润,即息税前利

润＝营运利润＋财务费用。

(2)营业资本＝净经营性营运资本＋净固定资产。

(3)净经营性营运资本＝无利息收入的流动资产－不付息的流动负债。按照国内上市公司的资产负债表科目的设置，无利息收入的流动资产包括货币资金、应收账款净额、预付账款、应收补贴款、其他应收款和存货净额。不付息的流动负债包括应付账款、预收账款、代销商品款、应付工资、应付福利费、应交税金、其他应交款和其他应付款。

(4)净固定资产＝固定资产净值＋工程物资＋在建工程。

(5)税后资本成本率为股东和含息债务的债权人(如银行、公司债券持有人)如果把投入本公司的钱投入到别处具有同等风险的项目所能赚得的回报，也就是这些企业资金的提供者所投资金的机会成本。

3. 股票总价值与经济增加值和市场增加值之间的关系

由前述讨论可知，市场增加值为股票总市值与股东权益账面值之差，即：

$$\mathrm{MVA}_t = \mathrm{MV}_t + \mathrm{BV}_t \tag{8-6}$$

式中：MVA_t 为 t 期末的市场增加值；MV_t 为 t 期末的股票总市值；BV_t 为 t 期末的普通股权益账面值。把该等式变成 MV_t 的计算表达式为：

$$\mathrm{MV}_t = \mathrm{MVA}_t - \mathrm{BV}_t \tag{8-7}$$

而 MVA_t 与经济增加值 EVA 的关系可表述如下：

$$\mathrm{MVA}_t = \frac{\mathrm{EVA}_{t+1}}{(1+k)} + \frac{\mathrm{EVA}_{t+2}}{(1+k)^2} + \cdots + \frac{\mathrm{EVA}_{t+n}}{(1+k)^n} \tag{8-8}$$

式中：k 为营业资本的税后资本成本率。该公式表明市场增加值等于未来一系列经济增加值的现值之和。将式(8-8)代入式(8-7)可得：

$$\mathrm{MV}_t = -\mathrm{BV}_t + \frac{\mathrm{EVA}_{t+1}}{(1+k)} + \frac{\mathrm{EVA}_{t+2}}{(1+k)^2} + \cdots + \frac{\mathrm{EVA}_{t+n}}{(1+k)^n} \tag{8-9}$$

该公式表明股票总价值的估计等于 t 期末的股东权益账面值加上 t 期后的各期公司所创造的经济增加值的现值。

1. 投资组合的基本原理是什么？
2. 估值方法有哪些？它们与投资决策之间的关系是什么？

参考文献

曹凤岐.证券投资学[M].2版.北京:北京大学出版社,2013.
初昌雄.非金融专业证券投资学的教学改革[J].理工高教研究,2008(2):96-97.
段洪俊.证券投资学教学中学生应用能力和创新能力的培养[J].时代金融,2014(1):293-297.
郭慧敏,吴铁雄.证券投资学教学改革方案[J].黑龙江教育(高教研究与评估),2012(12):41-42.
韩凤永."证券投资学"课程建设探析[J].内蒙古财经学院学报(综合版),2008(5):45-47.
吉玉荣.公选课证券投资学教学探讨[J].时代金融,2015(33).
蒋天虹.应用型本科"证券投资学"教学改革的思考[J].长春师范学院学报(人文社会科学版),2010(5):152-154.
蓝明.论模拟炒股在"证券投资学"教学中的运用[J].市场论坛,2013(3):97-98.
刘云忠,鄢琼伟,朱冬元.证券投资学[M].武汉:中国地质大学出版社,2007.
明仪皓,朱盈盈.证券投资学课程实践教学思考[J].时代金融,2014(2):119.
潘丽丽."证券投资学"课程教学方法浅谈[J].大学教育,2013(4):128-129.
吴晓求.证券投资学[M].2版.北京:中国人民大学出版社,2009.
杨凌.基于知识维度的"证券投资学"互动教学[J].中山大学学报论丛,2007(7):63-67.
杨泽云.浅析证券投资学课程教学改革[J].东方企业文化,2013(19):140-141.
姚萱,王香花.多媒体教学应用与"证券投资学"教学改革[J].中北大学学报(社会科学版),2006(3):88-90.
张戡.对"证券投资学"课程教学改革的几点思考[J].中国农业银行武汉培训学院学报,2007(2):50-51.
中国证券业协会.市场基础知识[M].北京:中国金融出版社,2012.
中国证券业协会.证券发行与承销[M].北京:中国金融出版社,2012.
中国证券业协会.证券交易[M].北京:中国金融出版社,2012.
中国证券业协会.证券投资分析[M].北京:中国金融出版社,2012.